그대에게
드리는
공정선물♡
신문섭

가는 길이 빛나고 찬란할 것,
작은 꿈에 삶이 포근할 것,
웃음 가득한 미소가 함께 할 것,
아프지 않고 아름다울 것,
너무 행복해서 눈물이 날 것
예쁘고 사랑스러운

_____ 님에게

봄·여름·가을·겨울 4계절과 함께 그대에게 드리는 **긍정 선물 100일 필사**

인생을 아름답게 빛내는 긍정 선물

와일드북
와일드북은 한국평생교육원의 출판 브랜드입니다.

인생을 아름답게 빛내는 긍정 선물

초판 1쇄 발행 · 2025년 09월 26일
초판 2쇄 발행 · 2025년 11월 10일

지은이 · 신문섭
발행인 · 유광선
발행처 · 한국평생교육원
편 집 · 장운갑
디자인 · 박형빈

주 소 · (대전) 대전광역시 유성구 도안대로589번길 13 2층
　　　　　(서울) 서울시 서초구 반포대로 14길 30(센츄리 1차오피스텔 1009호)
전 화 · (대전) 042-533-9333 / (서울) 02-597-2228
팩 스 · (대전) 0505-403-3331 / (서울) 02-597-2229

등록번호 · 제2018-000010호
이메일 · klec2228@gmail.com
instagram @wildseffect

ISBN 979-11-94710-12-7 (13190)
책값은 책표지 뒤에 있습니다.

잘못되거나 파본된 책은 구입하신 서점에서 교환해 드립니다.

이 책은 한국평생교육원이 저작권자의 계약에 따라 발행한 것이므로 저작권법에 따라 무단 전재와 복제를 금합니다. 이 책 내용의 전부 또는 일부를 이용하려면 반드시 저작권자와 한국평생교육원의 서면동의를 얻어야 합니다.

봄·여름·가을·겨울 4계절과 함께 그대에게 드리는 **긍정 선물 100일 필사**

인생을 아름답게 빛내는 긍정 선물

신 문 섭 지음

와일드북

100일 필사로 인생의 기적을 만들어 보세요.
긍정의 힘이 당신의 마음을 채우고,
행복한 삶으로 이끌어 줄 것입니다.

소중한 인연에게 선물하여
아름다운 마음을 나누어 보세요.

아름다운 꿈은
우리의 행복한 세상에서
반드시 이루어집니다.

∷ 머리말

    필사는 단순히 글자를 따라 쓰는 것이 아닙니다. 문장과 단어에 마음을 담아 책을 읽게 해주고, 온전히 집중할 수 있는 나만의 시간을 선물해 줍니다. 글을 쓰는 동안 마음이 차분해지고, 문장을 따라가다 보면 어느새 내 안에 작은 변화가 시작됩니다.

    필사를 하면 좋은 점이 많습니다.

1. 예쁜 글씨를 쓰게 됩니다.
2. 집중력을 높여 줍니다.
3. 맞춤법을 교정할 수 있습니다.
4. 마음을 안정시키는 데 도움이 됩니다.
5. 인내심을 기를 수 있습니다.

    필자가 이전 출판했던 '365일 매일 전하는 따뜻한 글'은 원래 필사책으로 만들어진 것은 아니었지만, 많은 분들이 자발적으로 필사해 주셨습니다. 그런데 365일 분량이 조금 부담스럽지는 않을까 하는 걱정도 들었습니다. 그래서 조금 더 가볍지만, 더 깊이 있는 시간을 보낼 수 있도록 '100일 필사책'을 만들게 되었습니다.

삶에 도움이 되는 따뜻한 내용을 담았고, 필사를 통해 글씨체를 교정할 수 있도록 구성했습니다. 이 책을 100일 동안 필사하면 다음과 같은 변화를 경험할 수 있습니다.

- 사랑의 아름다움을 느낄 수 있습니다.
- 사랑의 상처를 치유할 수 있습니다.
- 부정적인 마음이 긍정으로 바뀝니다.
- 인간관계의 어려움을 극복할 수 있습니다.
- 다른 사람의 생각을 이해하는 마음이 생깁니다.
- 함께 행복해지는 길을 찾게 됩니다.
- 고통을 이겨 낼 수 있는 힘이 자라납니다.

내가 마음을 바꾸고 잘해 보려 해도, 다른 사람의 나쁜 태도와 부정적인 생각이 그대로라면 세상은 여전히 힘들게 느껴질 수 있습니다. 하지만 이 책을 선물하며 따뜻한 마음을 함께 전한다면, 우리 모두가 조금씩 변화되어 더 행복해질 수 있습니다. 좋은 마음은 혼자 간직할 것이 아니라, 함께 나누고 공유할 때 비로소 세상은 더 아름다워지고 삶은 더욱 즐거워집니다.

  이 책을 필사하는 시간이, 당신 인생을 한 번 더 깊이 들여다보는 계기가 되기를 바랍니다. 그리고 그 시간이 당신의 마음에 잔잔한 위로와 따뜻한 변화를 가져다주기를 진심으로 바랍니다.

우리 모두가 행복해지길 바라는

저자 **신 문 섭**

인스타 @kbtechpos

목 차

머리말   5

새로운 마음으로 시작해 봄	13
시작하는 마음가짐도 중요하다	14
아름다운 그대	16
사람의 향기	18
다름을 인정하기	20
간절히 원하면 꿈은 이루어진다	22
삶을 예쁘게 가꾸는 사람	24
소중히 여겨야 할 사람	26
산책하는 기분으로 살자	28
일단 난 된다고 생각하기	30
그대는 나의 선물이다	32
우울증에서 벗어나기	34
좋은 사람과 함께하기	36
죽을 만큼 힘들 때 이겨내는 법	38
행복감을 찾는 방법	40
행복을 전하면 행복이 온다	42
남에게 말하면 생기는 문제	44
상처 주지 않기	46
함께하고 싶은 사람	48
아름답고 경이롭다	50
아픔을 이겨내기	52
잃어버린 나를 찾고 싶어서	54
상처를 덜 받고 살기	56

아무런 이유 없이 힘들 때	58
편안한 마음으로 살자	60
올 것은 반드시 온다	62

좋은 생각과 즐거운 마음이 있는 여름	65
보란 듯이 더 잘사는 것이 복수다	66
부정적인 생각을 줄이자	68
기분 좋은 마음 유지하기	70
기죽지 말고 나답게 살자	72
코드가 맞는 사람	74
너는 내 운명	76
소중하고 귀한 사람	78
너와 함께하고 싶다	80
최악일 때 행복해지는 생각	82
내 삶의 빛이 돼서 사랑해	84
하늘에 계신 아빠에게	86
인간적인 모습이 좋아	88
슬픈 일에 집착하면 고통이 오래간다	90
엄마에게 쓰는 글	92
절대 놓치면 안 되는 사람	94
상처 주고 상처받지 말기	96
사랑하는 마음으로 응원하기	98
무너지지 않게 자신을 지키자	100
꿈이 이루어진다	102
사랑을 간직하며 살아간다	104
예쁜 너	106
절망하며 후회하는 삶	108
자신을 빛나게 해주는 것	110
어떤 삶을 살지 결정하라	112

화를 내는 방법	114
힘든 마음을 행복하게 하는 가을	117
좋은 생각을 하고 부드럽게 말하자	118
스스로를 응원해 주세요	120
무식한 사람과 성격이 나쁜 사람	122
사랑을 품고 사세요	124
손절해도 되는 사람	126
조심해야 할 사람	128
상처를 받게 되면	130
소중하게 생각하는 사람을 잃었을 때	132
애틋한 사랑이 올까	134
사랑하는 사람이 있다면	136
잘살고 잘 이겨내자	138
사랑스러워 설레는 너	140
사랑의 언어로 표현	142
참고 힘내면 고통도 지나간다	144
자주 쓰면 좋은 말들	146
왜? 나한테 잘해 줬니?	148
사랑하는 마음	150
좋아하는 척하는 사람은 조심	152
기분 좋은 마음 만들기	154
너무 슬퍼서 울고 싶을 때	156
널 보러 갈게	158
후회할 때	160
나를 먼저 사랑하세요	162
사랑이 녹아난다	164
나 자신에게 미안해	166

마음이 춥지 않게 꿈을 찾는 겨울	169
좋아하는 사람	170
좋은 사람의 특징	172
좋은 일을 함께 기뻐하는 친구	174
좋은 사람 생각하기	176
일방적인 마음	178
혼자 있고 싶어진 이유	180
목소리 큰 사람과 화를 잘 내는 사람	182
세심한 배려이고 사랑이다	184
과거에 얽매여 있는 사람	186
사랑하면 해줘야 할 것들	188
가슴이 무너질 때	190
이별의 상처	192
언제나 넌 내 사랑	194
행운을 부르는 자세	196
정 때문에 유지하지 말자	198
사랑을 했습니다	200
누구나 실수할 수 있어요	202
힘들 때 이겨내는 힘	204
서로 상처주지 말자	206
남의 말에 흔들리지 말아요	208
마음을 주는 일	210
사랑하는 사람이 있다는 건	212
이별을 하지 못한다	214
참 좋은 사람	216
결이 맞는 사람	218
에필로그	220
저자 소개	225

새로운 마음으로 시작해 봄

마음을 내려놓는다는 건
인연을 끊는 게 아니에요.
마음 한 구석에 남아 있는 미련을
들여다보지 않게
휴지통에 버리는 일.
다시는 꺼내지 않기로
스스로 다짐하는 거예요.

지금 많이 힘드시죠?
괜찮아요,
잠시 마음을 내려놓고
새로운 마음으로 우리 시작해요.

시작하는 마음가짐도 중요하다

어떤 것이든
시작하는 것이 중요하지만
어떤 생각으로
시작하는지가 더 중요합니다.

너무 잘하려고 생각하면
마음에 짐이 생길 수 있어요.

성과가 금방 나오지 않는다고
괴로워하거나
조바심 갖지 말고
편안하게 즐기는 마음으로 하세요.

그러면 무엇이든 잘 해낼 수 있어요.

성공하고 싶다는 생각이 앞서다 보면 실수나 좌절에 아파하며 힘들어 질 수 있습니다. 편안하고 즐기는 마음으로 차근차근 한다면 꿈은 이루 어질 것입니다.

어떤 것이든 시작하는 것이 중요하지만
어떤 생각으로 시작하는지가 더 중요합니다.

어떤 것이든 시작하는 것이 중요하지만
어떤 생각으로 시작하는지가 더 중요합니다.

아름다운 그대

가장 소중하고
아름다운 그대

선물 같이
기분 좋은 그대
언제나 사랑할게요

함께 있어서 고맙습니다
함께 있어서 행복합니다

그대만을 사랑하며
같은 곳을 바라보며
하나의 마음으로 지켜줄게요

사랑은 받을 때보다 줄 때 더 행복합니다. 그렇지 않다면 사랑하지 않는 것입니다. 소중한 사랑을 간직하며, 아름다운 사람과 함께하세요.

그대만을 사랑하며 같은 곳을 바라보며
하나의 마음으로 지켜줄게요
그대만을 사랑하며 같은 곳을 바라보며
하나의 마음으로 지켜줄게요

사람의 향기

사람은 누구나 꽃과 같은 향기를 갖고 있어요.
그대가 머무는 곳에 좋은 향기가 느껴집니다.

달콤한 향기에 이끌려 그대에게 갑니다.
나의 향기에 온기를 담아 그대에게 선물하고 싶어요.
향기로운 곳에서
웃음꽃을 피울 수 있도록.

그대에게 나도 기억에 남는 좋은 사람이 되어
서로 좋은 향을 느끼며 행복한 삶을 함께해요.

사람을 만나게 되면 좋은 향기가 나는 사람이 있어요.
예쁜 꽃에 좋은 향기를 맡으면 기분이 좋아지고 향기 나는 장소나 사람에게 이끌리게 됩니다.
향기가 있는 말과 행동은 그 사람을 기억하게 되고 보고 싶게 만듭니다.

사람은 누구나 꽃과 같은 향기를 갖고 있어요.
그대가 머무는 곳에 좋은 향기가 느껴집니다.
사람은 누구나 꽃과 같은 향기를 갖고 있어요.
그대가 머무는 곳에 좋은 향기가 느껴집니다.

다름을 인정하기

옳고 그름보다 더 중요한 것은
다름을 인정하는 것이고
좋은 관계를 유지하기 위해서는
열린 마음으로 포용해야 합니다.
가족이나 절친 관계에서는
누구 말이 맞는 것이 중요하지 않아요.
마음 상하지 않게
이해와 양보로 아름다운 삶을 만드세요.

고집이 세거나 주장이 강한 사람은 옳고 그름을 따져야 마음이 편해집니다.
잘못한 사람에게 화를 내고 싶나요?
자신의 생각을 강요하나요?
옳고 그름을 따지다가 가족이 상처를 받는다면 가족 모두에게 아픔을 줄 수 있습니다.
사소한 것은 그냥 이해하고 넘어가며 용서하면 가족은 더 행복해질 것입니다.

옳고 그름보다 더 중요한 것은
다름을 인정하는 것입니다.

옳고 그름보다 더 중요한 것은
다름을 인정하는 것입니다.

간절히 원하면 꿈은 이루어진다

충분히 노력했다면 성과가 부족해도
슬퍼하지 마라.
최선을 다했는데 잘되지 않았다고
자책하지 마라.
쉽게 되는 건 누구나 할 수 있는 것이다.
'잘 해낼 수 있을까?'
자신을 의심하지 말고 더욱 노력해라.
한 번 사는 인생
남의 말에 흔들리지 말고
자신을 믿고 끈기와 열정을 갖고 도전해 보자.
간절히 원하면 꿈은 이루어진다.

꿈을 이루기 전에 쉽게 이룰 수 있는 목표를 단계적으로 나누고 이루어내면 성취감을 얻을 수 있습니다. 그러면 자신감도 생겨서 더 잘할 수 있어요.

자신을 믿고 끈기와 열정을 갖고 도전해 보자.
간절히 원하면 꿈은 이루어진다.
자신을 믿고 끈기와 열정을 갖고 도전해 보자.
간절히 원하면 꿈은 이루어진다.

삶을 예쁘게 가꾸는 사람

삶을 예쁘게 가꾸는 사람은
평범한 하루를 힘들어하지 않고
특별하게 생각하며 행복하게 살아갑니다.
오늘은 어떤 것을 할까요?
오늘은 어떤 일이 일어날까요?
아침에 거울을 보고 즐거운 생각을 해보세요.
하루를 만들어 가는 과정에서
나를 알아가는 것에 행복을 느낀다면
자신을 더 가치 있게 만들 수 있을 거예요.

얼마나 자신에게 신경 쓰고 있나요?
하루하루 피곤해서 자신을 돌보는 것조차 힘들 때가 있어요.
돈을 버는 것과 해야 할 일이 삶의 전부는 아닙니다.
틈틈이 여유를 챙기며 살아야 가치 있는 삶을 살았다고 느끼게
됩니다.

나를 알아가는 것에 행복을 느낀다면
자신을 더 가치 있게 만들어 줄 거예요.

나를 알아가는 것에 행복을 느낀다면
자신을 더 가치 있게 만들어 줄 거예요.

소중히 여겨야 할 사람

시간이 나서 만나는 사람보다
시간을 내서 만나는 사람을
더 소중히 생각하세요.

보고 싶다고 말만 하는 사람보다
보고 싶어서 오는 사람을
더 아껴주세요.

바쁜 하루를 쪼개서 잠깐이라도 얼굴을 보려는 마음에는 사랑이 담겨있어요.
말보다 행동이 먼저인 마음은 진심으로 좋아하는 감성을 느낄 수 있어요.
그런 사람이 있나요?
없으면 그런 사람이 돼서 사랑을 듬뿍 받아 보세요.

시간이 나서 만나는 사람보다
시간을 내서 만나는 사람을 더 소중히 생각하세요.

산책하는 기분으로 살자

삶은 운동 경기를 하는 것이 아니에요.
참고 일만 하면 숨이 막힐 수 있어요.
누구를 위해서 달리고 있나요?
빠르게 가면 빨리 지쳐요.
속도는 그렇게 중요하지 않아요.
일할 때 일하고, 쉴 때 쉬며,
천천히 삶을 즐기면서 살아요.
돌아가는 일이 있더라도
좋은 경험이 되면 잘하고 있는 거예요.

회의감을 느끼나요?
참고 하기 때문에 지치나요?
마라톤 같은 운동 경기를 한다고 생각하면 지쳐서 쓰러질 수 있습니다.
산책하는 기분으로 즐겁게 산다면 무엇이든 해낼 수 있습니다.
어차피 해야 할 일이라면, 즐거운 마음으로 하고, 마치고 나면 기분 좋게 여유를 챙기세요.

산책하는 기분으로 즐겁게 산다면
무엇이든 해낼 수 있습니다.
산책하는 기분으로 즐겁게 산다면
무엇이든 해낼 수 있습니다.

일단 난 된다고 생각하기

안 된다는 생각은
시작조차 하지 못하게 합니다.
된다고 생각하고
자신을 믿고 일단 해보세요.
꿈이 다가오기 시작합니다.
마음에 벽을 만들어서
불가능하다고 믿지 마세요.
무조건 된다고 생각해보세요.
그것이 새로운 시작이 되고
더 나은 삶으로 변화 시킵니다.

성공하지 못하는 사람의 대부분은 시도조차 하지 않습니다.
여건이 될 때 한다는 것은 변명에 불과합니다.
여건이 될 때를 기다리면 아무것도 하지 못합니다.
자신감이 없어도 마음을 굳게 먹고 하세요.
이루어집니다.

안 된다는 생각은 시작조차 하지 못하게 합니다.
된다고 생각하고 자신을 믿고 일단 해보세요.
안 된다는 생각은 시작조차 하지 못하게 합니다.
된다고 생각하고 자신을 믿고 일단 해보세요.

그대는 나의 선물이다

세상이 싫어서
모든 인연을 끊고 싶었지만
나에게 선물이 되었다

웃는 모습이 예쁜 그대
존재 자체로 빛나는 그대

수많은 사람 중에
그대를 만난 건 행운이다

많이 부족한 나에게
사랑이라는 꽃을 피우게 해주니
매일 물을 주며
예쁘게 자라는 모습을 보여주고 싶다
좋아한다
너무 좋아한다
너무너무 사랑한다

웃는 모습이 예쁜 그대
존재 자체로 빛나는 그대
웃는 모습이 예쁜 그대
존재 자체로 빛나는 그대

우울증에서 벗어나기

좋아하는 사람이
나에게 관심이 없거나
가까운 사람이
나를 챙겨주지 않거나
소중한 사람을 잃었을 때
우울증에 빠질 수 있어요.

혼자 있는 시간에 슬픈 생각만 하면
위험해집니다.

슬픔을 이겨내려고 생각만 하지 말고
즐겁게 할 수 있는 것부터 하면 좋아요.

활동적인 것을 적게 하는 현대에는 혼자 생활하는 사람도 많고 우울증에 걸리는 사람이 많아요.
좋은 음악을 들으며 햇빛을 쬐고 산책하는 것만으로도 나아질 수 있습니다.

슬픔을 이겨내려고 생각만 하지 말고
즐겁게 할 수 있는 것부터 하면 좋아요.
슬픔을 이겨내려고 생각만 하지 말고
즐겁게 할 수 있는 것부터 하면 좋아요.

좋은 사람과 함께하기

삶을 살다 보면
나를 싫어하는 사람도 있고
나와 안 맞는 사람도 있고
나쁜 사람도 있어요.
그런 사람들로 인해 아파하고 있나요?
설득하거나 이해시키려고 하면
자신이 상처받아요.
나를 좋아하는 사람을 만나고
좋은 사람을 만나세요.
그래야, 삶이 희망적으로 바뀝니다.
내가 좋은 사람이 되면
좋은 사람이 생길 거예요.

좋은 사람이라고 생각되면 찾아가서 만나고 나쁜 사람이라고 생각되면 피하도록 노력해야 합니다.
인생이 망가졌다고 유흥을 즐기며 아무나 만나도 괜찮다고 생각하면 나중에 큰 후회를 하게 됩니다.

내가 좋은 사람이 되면
좋은 사람이 생길 거예요.
내가 좋은 사람이 되면
좋은 사람이 생길 거예요.

죽을 만큼 힘들 때 이겨내는 법

죽을 만큼 힘들었어도
지나고 나면 별것 아닐 때가 많아요.
소소한 아픔은
지나고 나서 기억이 나지 않을 때도 있어요.
아무것도 하지 않으면
더 절망적인 상황에 놓입니다.
죽을 만큼 힘들어도
지금의 아픔을 이겨내면
새로운 희망이 생기고
나를 성장시키는 계기가 됩니다.
지혜롭게 꼭 이겨내야 합니다.

현재 죽을 만큼 힘들면 어떤 말을 해줘도 귀에 들어오지 않아요.
응원을 하고 공감을 해도 나와 다른 이야기로 생각하게 됩니다.
자신을 믿고 '난 꼭 해낼 거야.'
이를 악물고 죽을힘을 다해 용기를 내세요.
이겨내고 나면 추억이 됩니다.

아픔을 이겨내면 나를 성장시키는 계기가 됩니다.
지혜롭게 꼭 이겨내야 합니다.
아픔을 이겨내면 나를 성장시키는 계기가 됩니다.
지혜롭게 꼭 이겨내야 합니다.

행복을 찾는 방법

참고 이겨내야 한다는 마음으로
억지로 하는 사람은
즐기는 사람을 절대 이길 수 없어요.

일을 마치고 나면
꿀맛 같은 휴식을 갖거나
커피 한잔 할 수 있다는
생각을 하면
마음이 한결 편안해지고 좋아집니다.

무엇을 하든 보람을 찾고 희망을 꿈꾸며 즐겁게 생활하면 나중에 참 잘살았다는 행복감을 느끼게 될 거예요.

커피 한잔 할 수 있다는 생각을 하면
마음이 한결 편안해지고 좋아집니다.
커피 한잔 할 수 있다는 생각을 하면
마음이 한결 편안해지고 좋아집니다.

행복을 전하면 행복이 온다

사소한 것에 짜증을 자주 내면
많은 것을 잃게 돼서 손해를 봅니다.
그때 욱하는 마음을 잘 참으면 괜찮아져요.

기분 좋은 생각에 집중하세요.

다른 사람에게 좋은 마음으로 대하면
좋은 일이 생긴다는 것을 항상 기억해 두세요.
그렇지 않으면 자신이 불행해집니다.

행복을 전하면 행복이 옵니다.

힘든 생활을 오래하면 짜증을 안고 살 수 있어요.
그것을 다른 사람에게 전가하면 서로 불행해질 수 있어요.
매일 아침을 즐거운 마음으로 시작하면 남에게 짜증을 내지 않게
됩니다.
기분 좋은 마음을 유지하도록 노력하면 좋겠습니다.

기분 좋은 생각에 집중하세요.
행복을 전하면 행복이 옵니다.

기분 좋은 생각에 집중하세요.
행복을 전하면 행복이 옵니다.

남에게 말하면 생기는 문제

1. 남의 험담
2. 자신의 단점
3. 정치적인 주장
4. 위압감을 주는 자랑
5. 사적인 소문이나 비밀
6. 좋지 않은 가정사
7. 무시하거나 공격적인 말

말은 누구나 할 수 있지만, 어떤 말을 하느냐에 따라 불행해지거나 행복해집니다.
말에 입은 상처는 총에 맞은 상처보다 깊다는 것을 기억해 두세요.

말은 누구나 할 수 있지만,
어떤 말을 하느냐에 따라 불행해지거나 행복해집니다.
말은 누구나 할 수 있지만,
어떤 말을 하느냐에 따라 불행해지거나 행복해집니다.

상처 주지 않기

배려하고 맞춰주는 사람에게
함부로 대하는 것은 좋지 않아요.
사랑하는 사람에게
일방적으로 요구하면 좋지 않아요.
가족이라고
유독 더 화를 내지 마세요.

가까운 사이일수록
이런 것에 상처를 받아요.

사람을 함부로 대할 권리는 누구도 없습니다.
모든 사람은 고귀합니다.
자신의 지위가 높다고 다른 사람을 막 대하는 것은 좋지 않아요.
가족 같이 가까운 사이일수록 상처를 주는 경우가 많습니다.
한 사람이 상처를 받으면 여러 사람에게 영향을 줄 수 있어요.

배려하고 맞춰주는 사람에게
함부로 대하는 것은 좋지 않아요.
배려하고 맞춰주는 사람에게
함부로 대하는 것은 좋지 않아요.

함께하고 싶은 사람

잘나지 않아도
반듯하고 예의 바른 사람이 좋아요.
잘생기지 않아도
말을 예쁘게 하는 사람이 좋아요.
말하기 전에 한 번 더 생각하고,
사려 깊고 예의 바른
그런 사람과 함께하면 좋겠습니다.

잘생겼다고 잘났다고 사람을 쉽게 생각하면 누구도 좋아하지 않아요.
함께할 친구가 많나요?
나를 싫어하는 사람이 많나요?
싫어하는 사람은 누구나 있어요.
그것 때문에 마음 아파할 필요는 없습니다.
만약, 자신을 좋아하는 사람이 없다면 '함께하고 싶은 사람'이 되면 좋겠습니다.

반듯하고 예의 바른 사람이 좋아요.
말을 예쁘게 하는 사람이 좋아요.
반듯하고 예의 바른 사람이 좋아요.
말을 예쁘게 하는 사람이 좋아요.

아름답고 경이롭다

너와 함께 시작하는 순간을 사랑해.
너와 함께하는 순간이 소중해.
너무너무 좋아.
생각해 보면
너는 빛이 없던 나의 삶에 빛이 되었지.
우리의 인연이 얼마나 특별한지,
생각만 해도 마음이 포근해진다.

너와의 만남이 아름답고 경이롭다.
네가 곁에 있어서 고마워.

그대는 너무나 보고 싶은 사람입니다.
그대가 없으면 하루라도 못 살 것 같아요.
그대가 있어서 하루가 빛납니다.
그대는 나에게 선물입니다.
그대가 있는 세상은 아름답고 경이롭습니다.

너와 함께 시작하는 순간을 사랑해.
너는 빛이 없던 나의 삶에 빛이 되었지.
너와 함께 시작하는 순간을 사랑해.
너는 빛이 없던 나의 삶에 빛이 되었지.

아픔을 이겨내기

죽을 만큼 힘들었던 순간도
지나고 나면 별것 아닐 때가 많아요.
소소한 아픔은 지나고 나서
기억이 안 날 때도 있어요.
현재 상황에 집착하면 더 힘들어질 수 있어요.
마음을 굳게 먹고 용기를 가져요.

꼭! 지금의 아픔을 이겨내세요.
새로운 희망이 되고
나를 성장시키는 계기가 됩니다.

지금 슬퍼서 울고 있나요?
세상은 왜 나를 시험하나요?
인내의 끝은 어디인가요?
나쁜 일은 한 번에 오는 경우가 많아요.
그래서 삶이 더 힘든지 모르겠습니다.
오늘은 하늘을 보는 여유를 챙겨보세요.
파란 하늘이 유난히 청명해 보일지도.

꼭! 지금의 아픔을 이겨내세요.
새로운 희망이 되고 나를 성장시키는 계기가 됩니다.
꼭! 지금의 아픔을 이겨내세요.
새로운 희망이 되고 나를 성장시키는 계기가 됩니다.

잃어버린 나를 찾고 싶어서

하루를 마치고 나서
혼자 있는 밤에 마음이 조용해진다.
그럴 때면
책 속 한 문장을 읽으며
묻어 둔 꿈을 다시 꿈꾼다.
삶이 힘들고 즐겁지 않지만
책은 삶의 방향을 제시해 주고
꿈을 다시 시작하게 만든다.
잃어버린 나를 찾고 싶어서
그리움 속에서 나를 찾는다.

사람에 치이고 힘들 때 조용한 밤에 책을 읽으며 미래를 꿈꾸는 것은 힘든 삶에 위안이 됩니다.
책은 지식, 지혜 등 자신에게 힘이 될 수 있는 방향을 제시합니다.
책을 보고 미래에 대한 꿈을 꾸며 새로운 희망을 갖는 것은 삶에 큰 도움이 됩니다.

책은 삶의 방향을 제시해 주고
꿈을 다시 시작하게 만든다.
책은 삶의 방향을 제시해 주고
꿈을 다시 시작하게 만든다.

상처를 덜 받고 살기

상처가 많을수록 다른 사람을 잘 믿지 않아요.
그렇다고 해서
사람을 너무 쉽게 믿는 것은 더 위험합니다.
좋아하는 사람이나 가까운 사람을 쉽게 믿다가
상처가 깊어지면 고통이 될 수 있습니다.

처음에는 사람을 50%만 믿고
신뢰가 쌓이면 90%만 믿는 것이 좋아요,
믿을 수 있는 사람이라 해도
100% 믿는 건 좋지 않아요.

사기를 당하는 사람의 대부분은 의심하지 않고 모두 믿어서 당하는 것입니다.
모두 믿기 전에 차분한 마음으로 의심해 보고, 확인하고 믿어야 금전적인 손해나 문제가 생기지 않습니다.

믿을 수 있는 사람이라 해도
100% 믿는 건 좋지 않아요.

믿을 수 있는 사람이라 해도
100% 믿는 건 좋지 않아요.

아무런 이유 없이 힘들 때

몸이 힘들 때는 푹 자면 됩니다.
아무런 이유 없이 힘들 때가 있어요.
그건, 마음이 힘들어서 그런 것입니다.
그때, 자신을 위로해 주는 시간을 가져보세요.
스스로에게
'잘했다, 고맙다, 멋지다, 사랑스럽다, 최고다'라고 해주세요.
그럼, 정말 멋지고 사랑스럽고
괜찮은 사람이 됩니다.

"그런 너를 정말 좋아하고 사랑해."

식사를 잘하고 잠을 충분히 자는 것은 삶을 이겨낼 수 있는 힘이 됩니다.
지쳐서 힘들 땐, 아침마다 내 자신을 존중하고 사랑하는 마음을 챙기면 더 잘하게 되고 하루가 즐거워집니다.

스스로에게 잘했다, 고맙다, 멋지다,
사랑스럽다, 최고다, 해주세요.
스스로에게 잘했다, 고맙다, 멋지다,
사랑스럽다, 최고다, 해주세요.

편안한 마음으로 살자

너무 잘하려고 애쓰면
오히려 긴장해서 실수하게 됩니다.
잘하려고 애쓰다가 뜻대로 되지 않으면
자책하고 힘들어집니다.
마음을 편히 가지고
삶을 즐기며 충실하게 살아요.
그러면 자신에게 더 만족하며
편안하고 행복해질 수 있습니다.

잘하지 못할 것이라고 미리 걱정하지 말고, 자신이 없다고 포기하지 말아야 합니다.
자신 없는 것을 해낼 때 성취감도 생기고 발전하게 됩니다.

잘하지 못할 것이라고 미리 걱정하지 말고
자신이 없다고 포기하지 말아야 합니다.

잘하지 못할 것이라고 미리 걱정하지 말고
자신이 없다고 포기하지 말아야 합니다.

올 것은 반드시 온다

나쁜 것은 피하는 것이 좋고
좋은 것은 한 걸음 더 가까이
다가가야 합니다.
만나게 될 사람은 인연이 돼서 꼭 만나고
사랑하게 될 사람은 운명이 돼서 꼭 만나요.
이별을 두려워하지 말고
걱정보다 꿈을 갖고 살아간다면
올 것은 반드시 옵니다.
행복도, 인연도, 사랑도.

사람을 아무나 만나서는 안 됩니다.
나쁜 사람을 만나면 자신도 나빠집니다.
좋은 사람을 만나면 좋은 운이 따라옵니다.

만나게 될 사람은 인연이 돼서 꼭 만나고
사랑하게 될 사람은 운명이 돼서 꼭 만난다.
만나게 될 사람은 인연이 돼서 꼭 만나고
사랑하게 될 사람은 운명이 돼서 꼭 만난다.

좋은 생각과 즐거운 마음이 있는 여름

배려하고 다정한 사람이 좋다.
괜히 마음을 불편하게 하고
힘들게 하는 사람은 싫다.
나를 편안하게 해주고
늘 곁을 따뜻하게 지켜주는
그런 사람이 좋다.

마음이 우울할 땐
무엇을 해도 힘이 들어요.
그러니, 잠시 쉬었다가
기분이 조금 나아졌을 때
즐거운 마음으로 시작해 보세요.

보란 듯이 더 잘사는 것이 복수다

상대방에게 사과하고
이해시키려고 많이 노력해도
관계가 회복되지 않으면
쿨하게 잊고, 갈 길 가야 합니다.
상대방에게 지나치게 양보하여
손해 본다는 마음을 갖게 되면
자신이 더 힘들어집니다.

보란 듯이 더 잘사는 것이 복수입니다.

인연이 아닌 사람이나 자기밖에 모르는 사람에게 연연하고 고민하면 과거에 빠져 살게 됩니다.
그러면, 현재와 미래를 잃을 수 있어요.
나를 괴롭히는 사람 때문에 힘들어하기만 한다면 불행해집니다.
빨리 잊고 할 일을 하면서 살면 잘살게 됩니다.

나를 괴롭히는 사람 때문에
힘들어하기만 한다면 불행해집니다.
빨리 잊고 할 일을 하면서 살면 잘살게 됩니다.

나를 괴롭히는 사람 때문에
힘들어하기만 한다면 불행해집니다.
빨리 잊고 할 일을 하면서 살면 잘살게 됩니다.

부정적인 생각을 줄이자

긍정적인 생각은
깊게 생각하면 도움이 되지만
부정적인 생각은
깊게 생각하면 독이 됩니다.

부정적인 생각에 빠지지 않으려면
부정적인 말과 글,
행동을 하지 않으려고
의식하고 노력해야 합니다.
그리고 운동, 산책 등과 같이 활동적인 것을 하며
부정적으로 생각을 하는 시간을 줄이세요.

혹시, 부정적인 생각을 하는 건 아니겠죠?
그것은 지금 힘들다는 증거입니다.
많이 힘들면 기분 전환을 하세요.
자신을 돌아볼 수 있는 여행을 하는 것도 좋은 방법입니다.

많이 힘들면 기분 전환을 하세요.
자신을 돌아볼 수 있는
여행을 하는 것도 좋은 방법입니다.
많이 힘들면 기분 전환을 하세요.
자신을 돌아볼 수 있는
여행을 하는 것도 좋은 방법입니다.

기분 좋은 마음 유지하기

화를 참는 것은 누구나 힘들어요.
힘든 마음을 빨리 풀고 싶어서 그런 거예요.
당연한 마음입니다.
너무 힘들 땐
남에게 화를 내는 것이 제일 쉬워요.
하지만, 반복되면 남에게 상처를 줄 수 있고
삶이 더 나쁜 쪽으로 갈 수 있어서
나한테 불행이 왔다고 착각할 수 있어요.

까꿍! 하하하, 좋아! 하하하
웃는 모습이 너무 예뻐요.
마음만 먹으면 기분이 좋아질 수 있어요.
기분 좋을 때는 화도 줄어요.

살다 보면 화낼 일이 많겠지만 서로 조금씩 노력하고 좋게 말하며 살아요.
주변 사람이 행복해지게 됩니다.
주변 사람이 불행하길 바라는 것은 아니죠?

마음만 먹으면 기분이 좋아질 수 있어요.
기분 좋을 때는 화도 줄어요.
마음만 먹으면 기분이 좋아질 수 있어요.
기분 좋을 때는 화도 줄어요.

기죽지 말고 나답게 살자

누군가가 나를 싫어한다고
신경을 쓰면 많이 힘들어져요.
당연한 마음입니다.
그것 때문에 자신을 미워하면
더 힘들어지고
사람을 피하게 될 수 있어요.
남을 이해하기보다
자신을 이해하면 마음이 한결 나아져요.
기죽지 말고 나는 나답게 사는 것이
가장 행복하고 아름다운 삶이에요.

멘탈이 강해지는 것은 어렵습니다.
한 가지 중요한 것은 멘탈이 강한 사람이 잘삽니다.
잘살고 싶나요?
나답게 살고 싶나요?
내성적이고 소극적으로 살았다면 노력해서 바꿔 보세요.
마음먹기에 따라 달라집니다.

기죽지 말고 나는 나답게 사는 것이
가장 행복하고 아름다운 삶이에요.
기죽지 말고 나는 나답게 사는 것이
가장 행복하고 아름다운 삶이에요.

코드가 맞는 사람

힘들고 지치고
짜증 날 때도
코드가 맞는 사람을 만나면
고민이 사라지고
함께 있어 그냥 좋고 즐거워져요.
그런 친구가 그런 사람이 옆에 있다는 건,
행운이고 행복이에요.

지금 생각나는 소중한 인연이 있다면
연락해서 만나 보세요.
힘들었던 삶에 위로가 되고
힐링이 될 거예요.

세상을 보는 관점과 받아들이는 공감대가 비슷한 사람이 코드가 맞는 사람입니다.
코드가 맞는 사람이 없나요?
100% 코드가 맞는 사람은 없습니다. 소소한 것이 맞지 않아도 문제 되지 않아요. 오래 알고 지내며 서로 동화되면 비슷해집니다.

코드가 맞는 사람을 만나면 고민이 사라지고
함께 있어 그냥 좋고 즐거워져요.

코드가 맞는 사람을 만나면 고민이 사라지고
함께 있어 그냥 좋고 즐거워져요.

너는 내 운명

보고 싶다
참 많이 보고 싶다

내 앞에 예쁘게 웃는 너를
사랑으로 그려 본다

우리는 반드시
만나야 할 운명이니까

조금만 기다려
봄처럼 따듯한
너를 만나게 될 거니까

보고 싶은 사람에게 따뜻한 마음을 전해 보세요.

내 앞에 예쁘게 웃는 너를
사랑으로 그려 본다
내 앞에 예쁘게 웃는 너를
사랑으로 그려 본다

소중하고 귀한 사람

최악의 상황에 놓였을 때
떠나는 사람은 멀리하고
함께 있는 사람은
더 소중하게 생각해야 합니다.
절대 놓치면 안 됩니다.

좋을 때 함께 있는 사람보다
최악일 때 함께 있는 사람이
더 귀한 사람입니다.
귀한 사람은 있을 때 잘 챙기세요.

최악의 상황에 놓이면 스트레스도 받고 비관도 하며, 우울증에 빠지게 됩니다.
우울증에서 벗어나는 것은 쉽지 않아요.
그 마음 잘 알아요.
가족과 함께하며, 주변 친구를 생각하며 지혜롭게 이겨내세요.

좋을 때 함께 있는 사람보다
최악일 때 함께 있는 사람이 더 귀한 사람입니다.
좋을 때 함께 있는 사람보다
최악일 때 함께 있는 사람이 더 귀한 사람입니다.

너와 함께하고 싶다

네가 울 때
너의 마음속엔 내가 있었을까

네가 힘들어 할 때
나는 왜 함께하지 못 했을까

네가 정말 외로웠을 때
나는 왜 거기에 없었을까

너의 마음을 표현해 줘
네 곁에 함께 있어 줄게

네가 정말 좋고
너무 사랑스러우니까

내가 그대를 좋아하는 것은 잘 생겨서도 아니고 잘 나서도 아닙니다.
삶을 잘 이겨내고 즐겁게 사는 모습이 너무 아름다워서입니다.

삶을 잘 이겨내고 즐겁게 사는 모습이
너무 아름다워서 좋아합니다.

최악일 때 행복해지는 생각

1. 살아 있다는 것에 감사한다.
2. 소소한 것에 행복을 느낀다.
3. 지금까지 잘 했다고 생각한다.
4. 도전하면 꿈이 이루어진다.
5. 이별 후에 더 좋은 사람이 생긴다.
6. 고통은 언젠가 지나가고 성장한다.
7. 죽을 만큼 힘내면 뭐든 이루어진다.
8. 긍정적인 생각을 자주한다.
9. 잘 버티고 있다고 나를 칭찬한다.
10. 현재 상황을 인정하고 수용한다.

많이 힘들 때는 남을 챙기지 말고 나를 챙기세요.
스스로 '여태까지 잘 했잖아.', '잘 이겨낼 수 있어.'라고 해주세요.
죽을 만큼 힘들어도 자신을 포기하지 마세요.

소소한 것에 행복을 느낀다.
현재 상황을 인정하고 수용한다.
소소한 것에 행복을 느낀다.
현재 상황을 인정하고 수용한다.

내 삶의 빛이 돼서 사랑해

좋아해
네가 너무 예뻐서

고마워
나에게 잘해줘서

응원해
너의 용기가 멋있어서

사랑해
내 삶에 빛이 돼서

행복해
우리가 함께해서

좋아해, 고마워, 응원해, 사랑해, 행복해.
네가 살아 있어서.

좋아해, 고마워, 응원해, 사랑해, 행복해.
네가 살아 있어서.

좋아해, 고마워, 응원해, 사랑해, 행복해.
네가 살아 있어서.

하늘에 계신 아빠에게

아빠!
나 정말 잘하고 싶어서 최선을 다했는데,
일이 잘 안 풀려서 눈물이 나고 너무 힘들어.
나 잘하고 있는 거 맞을까.
그러면 안 되는 것을 알면서
지금도 너무 포기하고 싶어.

하지만 항상 응원해 주던
아빠를 기억하면서 용기 내서 해 볼게.
아빠! 너무 보고 싶어.
아빠! 늦게나마 하지 못 했던 말을 할게.
아빠! 사랑해. 정말 정말 사랑해!

항상 응원해 주던
아빠를 기억하면서 용기 내서 해 볼게.

항상 응원해 주던
아빠를 기억하면서 용기 내서 해 볼게.

인간적인 모습이 좋아

지금 많이 힘들지?
자존심 때문에 괜찮은 척 안 해도 돼.
그 마음 알아. 인간적인 너의 모습이 좋아.
힘들면 힘들다고 해도 돼.
아프면 아프다고 해도 괜찮아.
억지로 너무 참으면 병이 나.
너를 비난하고 싫어하지 않아.
우리 힘든 세상을 잘 이겨내고
아픔과 슬픔도 위로하며 함께 하자.

부모가 되면 자식에게 나약한 모습을 보이기 싫어서 힘든 내색을 하지 않고 화를 내는 경우가 있습니다.
자신의 상황을 정확히 표현해야 가족도 힘든 부분을 이해하고 서로 도우며 살 수 있습니다.
눈물이 날 만큼 힘들 땐 참지 말고 우는 것이 마음에 위안을 줄 때도 있어요.

우리 힘든 세상을 잘 이겨내고
아픔과 슬픔도 위로하며 함께 하자.

우리 힘든 세상을 잘 이겨내고
아픔과 슬픔도 위로하며 함께 하자.

슬픈 일에 집착하면 고통이 오래간다

슬픈 일에 집착하면
시간이 멈춘 듯 고통이 오래간다.
좋은 사람에게 푹 빠지면
슬픔이 사라지고 기쁨이 온다.
즐거운 마음으로 일하면
좌절은 사라지고 성공이 온다.
소소한 행복을 찾으면
고통은 사라지고 기쁨이 온다.

즐거운 일이 많을 때에도 슬픈 일이 하나라도 생기면 슬픔이 마음을 지배하게 됩니다.
우울증이 있는 사람은 다른 사람보다 큰 아픔으로 다가와서 오랜 시간을 고통에 빠지게 됩니다.
슬플 때는 이겨내야 한다고 생각만 하지 말고 기분 좋은 것을 찾아서 해야 기분이 빨리 풀립니다.

소소한 행복을 찾으면
고통은 사라지고 기쁨이 온다.
소소한 행복을 찾으면
고통은 사라지고 기쁨이 온다.

엄마에게 쓰는 글

엄마!
예쁘게 말해야 되는 것을 알면서도
사소한 것에 자꾸 짜증을 내고 화냈어.
스트레스를 받아서, 나 자신이 싫어져서 그랬어.
엄마에게서 벗어나면
다 잘되고 기쁠 것이라고 생각했는데,
지금 많이 힘들어서
더는 버티지 못할 것 같아.
엄마 품에서 울고 싶다.

하지만, 이제는 힘내서 잘살게. 걱정하지 마.
잘 이겨내서 멋진 모습 보여 줄게.
엄마! 미안하고 사랑해.

이제는 힘내서 잘살게. 걱정하지 마.
잘 이겨내서 멋진 모습 보여 줄게.

절대 놓치면 안 되는 사람

1. 오직 나를 사랑하는 사람
2. 나를 예뻐하고 '예쁘다' 말하는 사람
3. 나를 가장 우선시하는 사람
4. 나를 배려하는 고마운 사람
5. 나를 기분 좋게 해주는 사람
6. 나를 있는 그대로 좋아하는 사람
7. 나를 존중해주는 소중한 사람
8. 긍정적인 영향을 주는 사람
9. 손잡고 스킨십을 하고 싶은 사람
10. 보고 싶고 자주 생각나는 사람

인생을 살다 보면 멀어져야 할 사람도 있어요.
하지만, '절대 놓치면 안 되는 사람'이 한 명이라도 있다면 잘살고 있는 것입니다.
그 사람을 잘 챙기고 감사한 마음으로 살아요.

나를 예뻐하고 '예쁘다' 말하는 사람
나를 있는 그대로 좋아하는 사람
나를 예뻐하고 '예쁘다' 말하는 사람
나를 있는 그대로 좋아하는 사람

상처 주고 상처받지 말기

'많이 힘드시죠?'
'뜻대로 되는 것이 없죠?'
그래도 우리 어떤 일이 있어도
상처주지 말고
상처받지 말고
아프지 말고 행복하게 예쁘게 살아요.

때론, 많이 힘들 때도 있지만
토닥토닥 해주고
서로 응원하며 격려해요.
우리는 잘 될 사람입니다.
아름답고 즐겁게 살아요.

상처를 주는 사람에게 거리 두는 것도 좋지만 자신의 감정을 수습하는 것이 더 중요합니다.
있는 그대로를 인정하고 그런 실수는 하지 않아야 한다는 점을 깨달았다면 자신을 변하게 할 수 있어요.
상황에 따라 용서하고 넘어가면 마음이 편해집니다.

토닥토닥 해주고 서로 응원하며 격려해요.
우리는 잘될 사람입니다.
토닥토닥 해주고 서로 응원하며 격려해요.
우리는 잘될 사람입니다.

사랑하는 마음으로 응원하기

말을 막하는 사람이 있으면 세상이 힘들어지고
주변 사람이 싫어져요.
가만히 있다고 괜찮은 것이 아니에요.
다른 사람의 마음을 아는 것은
하늘만큼 어려우니까요.
되도록 사랑하는 마음으로
서로 도우며 응원해요.
그래서 서로가 즐거워지고
행복한 세상이 되면 좋겠습니다.

말을 막하는 사람은 자신이 말을 막 한다고 생각하지 않아요.
욕이나 거친 말을 자주 한다면 줄이도록 노력하는 것이 좋아요.
주변이 나를 힘들게 하면 남에게 바뀌라고 강요만 하지 말고 자신도 바뀌려고 노력해야 합니다.

사랑하는 마음으로 서로 도우며 응원해요.
서로가 즐거워지고 행복한 세상이 되면 좋겠습니다.

사랑하는 마음으로 서로 도우며 응원해요.
서로가 즐거워지고 행복한 세상이 되면 좋겠습니다.

무너지지 않게 자신을 지키자

진심으로 믿었던 사람에게
배신을 당하면 상처가 더 커집니다.
관계의 유효 기간이 끝났으니
과감하게 정리하세요.
사람도 통조림처럼 유통 기간이 있습니다.
관계를 정리한다는 것은 어려운 일입니다.
그때, 스스로 무너지지 않게
잘 지키고 이겨내야 해요.

자신을 힘들게 하는 사람이 있나요?
좋지 않은 사람이라면 빨리 정리하는 것이 좋아요.
좋아하는데, 사소한 마찰로 힘든 것이라면 노력해서 좋은 관계를 만드세요.
아는 사람이 많이 힘들어하나요?
조언이나 응원보다 공감을 먼저 해주세요.
"토닥토닥, 많이 힘들겠구나."
"네 마음 알 것 같아. 괜찮아."
"내 마음도 아프네."

좋아하는데, 사소한 마찰로 힘든 것이라면
노력해서 좋은 관계를 만드세요.

좋아하는데, 사소한 마찰로 힘든 것이라면
노력해서 좋은 관계를 만드세요.

꿈이 이루어진다

"사랑하는 사람과 함께
두 손 꼭 잡고 산책하는 기분으로
좋은 생각을 하며,
행복하게 살고 싶다."

소원을 글로 쓰고
마음에 담으면 이루어집니다.

미래에 대한 소중한 꿈을 적어보세요.
꿈을 글로 쓰고, 마음에 담고, 노력하고 실천해 보세요.
그렇게 하면 꿈을 이루며 살 수 있습니다.

꿈을 글로 쓰고, 마음에 담고, 노력하고 실천해 보세요.
그렇게 하면 꿈을 이루며 살 수 있습니다.
꿈을 글로 쓰고, 마음에 담고, 노력하고 실천해 보세요.
그렇게 하면 꿈을 이루며 살 수 있습니다.

사랑을 간직하며 살아간다

늘 사랑하는 마음을 간직하며
말하지 못하고 살아간다.

너를 바라보는 기쁨에
감동을 받고
너를 생각하는 그리움에
슬퍼지기도 한다.

사랑하는 마음으로
소중히 아끼며 살아간다.
나의 사랑은 언제나 아름답고
행복하기를 기원한다.

사랑하는 사람과 인연이 되지 않고 살아가야 하는 경우도 있지만,
진심으로 사랑하는 사람이 있다면 용기를 내서 고백해 보세요.
사랑이 이루어집니다.

너를 바라보는 기쁨에 감동을 받고
너를 생각하는 그리움에 슬퍼지기도 한다.
너를 바라보는 기쁨에 감동을 받고
너를 생각하는 그리움에 슬퍼지기도 한다.

예쁜 너

너는 예쁘니까
예쁜 것만 봐

너는 예쁘니까
예쁜 것만 먹어

너는 예쁘니까
예쁜 생각만 해

내 생각

그대에게는 항상 예쁜 말을 전해주고 싶어요.
오늘도 예쁜 생각하세요.

너는 예쁘니까 예쁜 것만 봐
너는 예쁘니까 예쁜 생각만 해
너는 예쁘니까 예쁜 것만 봐
너는 예쁘니까 예쁜 생각만 해

절망하며 후회하는 삶

남을 미워하며
많은 시간을 보냈다면
절망하며 후회하는 삶을 산 것입니다.
미워하는 사람에게
복수하고 싶은 생각도 당연합니다.

하지만,
힘들었던 과거에 집착하지 마세요.
지금부터 마음 아프지 않게
희망을 생각하며 자신을 지켜주세요.

과거로 인해 현재를 잃으면 안 됩니다.
미움도 시간이 지나면 세월과 함께 사라집니다.

마음 아프지 않게
희망을 생각하며 자신을 지켜주세요.

마음 아프지 않게
희망을 생각하며 자신을 지켜주세요.

자신을 빛나게 해주는 것

잘난 척을 하거나
돈이 많다고 해서
빛나는 것이 아닙니다.

자신을 빛나게 해주는 것은
사람을 대하는 태도입니다.

인사를 잘 하는 행동만으로도 좋은 인상을 줄 수 있습니다.
기분이나 감정이 태도가 되지 않게 주의해야 합니다.

자신을 빛나게 해주는 것은
사람을 대하는 태도입니다.
자신을 빛나게 해주는 것은
사람을 대하는 태도입니다.

어떤 삶을 살지 결정하라

미워하는 마음과 아픈 생각을 품고 살면
인생이 꼬이더라.
사랑하는 마음과 좋은 생각을 품고 살면
인생이 행복해지더라.
어떤 삶을 살지 결정하라.

알면서도 쉽지 않죠?
힘들 때는 그럴 수 있어요.
인생을 즐기며 행복하게 사는 사람은 힘든 순간에도 잘 참는 사람이 아니라 현실에 순응하며 사랑하는 마음을 잃지 않고 좋은 생각하며 살아갑니다.
그대도 마음만 먹으면 할 수 있습니다.

사랑하는 마음과 좋은 생각을 품고
살면 인생이 행복해지더라.
사랑하는 마음과 좋은 생각을 품고
살면 인생이 행복해지더라.

화를 내는 방법

화를 잘 내는 사람은
화를 참을 줄 알아야 하고
화를 잘 내지 않는 사람은
화를 적당히 낼 줄 알아야 합니다.

이유 없이 화내는 것은
분명히 잘못된 것이지만
명확한 이유가 있으면
적당히 화를 내며 살아야
감정이 몸에 쌓이지 않아요.

전혀 화가 나지 않는 사람은 없어요.
화를 내지 않는다고 무시하면 안 됩니다.
좋은 사람을 놓칠 수 있어요.

화를 내지 않는다고 무시하면 안 됩니다.
좋은 사람을 놓칠 수 있어요.
화를 내지 않는다고 무시하면 안 됩니다.
좋은 사람을 놓칠 수 있어요.

힘든 마음을 행복하게 하는 가을

언젠가는 꼭 올 거예요.
'참 잘 견뎌냈구나.
그래서 이렇게 큰 행복이 왔구나.' 하고
스스로를 안아줄 날이.

성공하지 못하는 사람들은
대부분 능력이 부족해서가 아니라,
과정이 힘들어서 포기하는 경우가 많아요.
끝까지 잘 이겨내는 사람에게
결국 꿈은 찾아옵니다.
그 꿈이 이루어지길.

좋은 생각을 하고 부드럽게 말하자

좋은 생각을 하고
부드럽게 말하는 사람이
너무 좋아요.
그래서 그대가 진짜 예뻐요.
오래 알면 알수록 행복합니다.
그대가 있어 세상이 예뻐요.

사람의 첫인상은 말투에서 나옵니다.
부드러운 말은 상대방을 기분 좋게 합니다.
거울 앞에서 자신을 비춰 보세요.
말이 거칠지는 않았나요?
인상을 펴고 즐거운 마음으로 하루를 시작해 보세요.
웃으며 부드럽게 말해 보세요.
매일 반복하면 예쁜 사람이 됩니다.

좋은 생각을 하고 부드럽게 말하는 사람이
너무 좋아요.

좋은 생각을 하고 부드럽게 말하는 사람이
너무 좋아요.

스스로를 응원해 주세요

지금 상황이 두렵습니다.
앞길이 막막해요.
힘들어서 걸을 힘조차 없어요.
삶이 왜 이렇게 힘들까요?
나에게 큰 아픔을 줄까요?

이겨내야 한다는 생각을 하면서도
자꾸 자신이 없어질 때
스스로를 응원해 주세요.

응원해 주는 사람이 없다면 스스로를 믿고 사랑해 주세요. 마지막까지 자신을 지켜주세요.

자꾸 자신이 없어질 때
스스로를 응원해 주세요.

자꾸 자신이 없어질 때
스스로를 응원해 주세요.

무식한 사람과 성격이 나쁜 사람

목소리가 큰 사람은
이기는 것이 아니라
그냥 무식한 티를 내는 것입니다.
화를 잘 내는 사람은
옳은 말을 하는 것이 아니라
그냥 나쁜 성격을 티내는 것입니다.

목소리가 큰 사람은 주변 상황을 잘 인지하지 못하는 사람입니다.
조용한 곳에서는 남을 의식하고 목소리를 줄여서 말하는 연습을 해야 합니다.
화를 잘 내는 사람은 잠이 부족하거나 감정을 억제하는 것이 어려운 사람입니다.
잠을 충분히 자거나 감정을 차분하게 만들어 주는 요가나 명상, 기분 전환 등을 하는 것이 좋습니다.

감정을 차분하게 만들어 주는
요가나 명상, 기분 전환 등을 하는 것이 좋습니다.

사랑을 품고 사세요

지쳐가는 마음을
달래 주는 것이 사랑이고
한없이 아픈 마음을
토닥여 주는 것도 사랑입니다.
서로 다른 부분 때문에
속상할 때도 있지만
사랑은 언제나
심장에 머물러야 행복합니다.

사랑이 없다면, 우리는 살아갈 수 없어요.
사람은 태어나면서부터 부모님의 사랑을 받고 태어납니다.
그리고 성장하면서 끊임없이 사랑을 갈망하며 살아갑니다.
사랑이 없다면 삶이 무료하고 우울해집니다.
가족이나 친구, 강아지, 꽃 등을 사랑하면 인생을 아름답게 살 수 있어요.

사랑은 언제나
심장에 머물러야 행복합니다.
사랑은 언제나
심장에 머물러야 행복합니다.

손절해도 되는 사람

친절하게 대하는 사람을
만만하게 보면 안 되죠.

배려하는 사람에게
선을 넘으면 안 되죠.

그런 인연은
무 자르듯 잘라도 됩니다.

살아가면서
자신에게 독이 되는 사람이 있습니다.
나를 힘들게 하거나 상처를 주는 사람은
함께하는 것이 좋지 않습니다.
선을 넘는 사람은 손절하는 것이 좋아요.

친절하게 대하는 사람을 만만하게 보면 안 되죠.
배려하는 사람에게 선을 넘으면 안 되죠.
친절하게 대하는 사람을 만만하게 보면 안 되죠.
배려하는 사람에게 선을 넘으면 안 되죠.

조심해야 할 사람

다른 사람을 깔보고
남을 마음대로 평가해서
비판하지 말아요.

험담하는 것을 즐기고
편을 갈라서 이간질하는 사람은
정말 싫어요.

인성은 어렸을 때부터 만들어집니다.
자라면서 나쁜 것에 익숙해지면 나쁜 행동을 잘못 됐다고 생각하지 못해요.
나쁜 행동을 하면서 즐거움을 찾는다면 자신에게도 남에게 좋지 않습니다.
스스로 자신을 돌아보며 생각해 보세요.
남들이 싫어하는 사람이 되지 말고 좋은 사람이 되면 좋겠습니다.

험담하는 것을 즐기고
편을 갈라서 이간질하는 사람은 정말 싫어요..

상처를 받게 되면

1. 사람을 믿지 못해요.
2. 사람과 거리를 두게 돼요.
3. 헤어질까 봐 두려워해요.
4. 먼저 다가가는 것이 어려워요.
5. 좋은 감정을 잃어버려요.
6. 혼자 있기를 좋아해요.
7. 외로워져요.
8. 복수를 하고 싶어져요.

상처를 받았다고 다른 사람에게 똑같이 되갚아 주는 것은 매우 위험합니다.

부모가 자식에게, 친구가 친구에게, 상처를 준 사람들에게 복수를 하면 자신에게도 아픔이 될 수 있어요.

상처 때문에 사람을 피하는 것은 바람직하지 않아요.

그럴수록 상처에 집착하지 말고 사람을 만나며 활동을 하면 빠르게 이겨낼 수 있어요.

상처 때문에 사람을 피하는 것은 바람직하지 않아요.
사람을 만나며 활동을 하면 빠르게 이겨낼 수 있어요.
상처 때문에 사람을 피하는 것은 바람직하지 않아요.
사람을 만나며 활동을 하면 빠르게 이겨낼 수 있어요.

소중하게 생각하는 사람을 잃었을 때

하늘은 왜?
내가 소중하게 생각하는 사람을
뺏어가며 큰 아픔을 주나요.
너무 많이 힘들고
하는 일도 손에 잡히지 않아
나도 사라지는 것이 낫다고
생각하게 되지만
소중한 가족, 키우는 강아지,
응원해 주는 사람들이 있어 힘내서 살고 있어요.

인생을 살다 보면 누구나 소중한 사람을 잃게 됩니다.
뜻하지 않는 사고로 부모님이나 친구, 동생 등을 잃으면 마음에 큰
상처나 죄책감이 남아서 상심하며 고통 속에서 살 수 있어요.
반드시 이겨내야 합니다.
이겨내지 못하면 남겨진 사람에게 또 다른 아픔을 남길 수 있어요.

소중한 가족, 키우는 강아지,
응원해 주는 사람들이 있어 힘내서 살고 있어요.

애틋한 사랑이 올까

이별이 오지 않을 것이라고 믿었다
잘 견딜 수 있을 거라 생각하고 참았다

운명이라고 믿었는데
스치는 인연이라서 더 아팠다

혼자 걸으며 바다를 멍하니 보니
처량한 모습에
가슴이 저리고 눈물이 난다

슬픔의 끝은 어디일까?
언제쯤 나에게도 진실하고
애틋한 사랑이 올까

사랑이 힘들 때가 있어요.
사랑의 아픔을 잊는 가장 빠른 방법은 새로운 사랑을 하는 것입니다.
지금 생각나는 사람이 있다면 사랑하는 마음을 전해 보세요.

나에게도 언제쯤 진실하고
애틋한 사랑이 올까.

나에게도 언제쯤 진실하고
애틋한 사랑이 올까.

사랑하는 사람이 있다면

1. 가고 싶은 곳에 같이 가세요.
2. 좋아하는 음악을 같이 들어요.
3. 보고 싶은 풍경을 같이 보세요.
4. 힘들 때, 좋을 때 함께해요.
5. 보고 싶다, 사랑한다는 말을 자주 해 주세요.
6. 좋은 점을 많이 말해 주세요.
7. 배려하고 이해하며 예뻐해 주세요.
8. 나보다 사랑하는 사람을 더 사랑하세요.
9. 같은 곳을 함께 바라보세요.
10. 더 뜨겁게 예쁜 사랑하세요.

사랑하는 사람이 있다는 건 아름다운 행복입니다.
사랑하는 사람에게 바라는 것이 많으면 지치고 힘들 수 있어요.
누구의 말이 맞느냐는 중요하지 않아요.
시시비비 하지 말고 이해하며 넘어가야 아름다운 사랑을 할 수 있어요.

좋아하는 음악을 같이 들어요.
나보다 사랑하는 사람을 더 사랑하세요.

좋아하는 음악을 같이 들어요.
나보다 사랑하는 사람을 더 사랑하세요.

잘살고 잘 이겨내자

아픈 사랑하지 말고
예쁜 사랑해!
너무 슬프다고 울지 말고
웃으며 살아!
힘들어서 아파하지 말고
기분 좋게 지내!
꿈을 포기하지 말고
힘들어도 이겨내자!

어렸을 때는 자주 웃었지만 성인이 되면 삶이 피곤해서 웃음이 적어집니다.
긍정적인 마음으로 기분 좋게 생각하면 웃음이 많아집니다.
즐겁게 살면 건강해지고 하는 일도 잘 풀립니다.

아픈 사랑하지 말고 예쁜 사랑해!
너무 슬퍼서 울지 말고 웃으며 살아!
아픈 사랑하지 말고 예쁜 사랑해!
너무 슬퍼서 울지 말고 웃으며 살아!

사랑스러워 설레는 너

네가 여전히 좋은 데
예쁘기까지 하면 어떡해?
거기다가 사랑스러워
네 생각에 푹 빠졌다.

너를 생각하면
하루가 빛나는 햇살처럼 아름다워
심장이 터질 것 같아
너를 보면 설렌다.

사랑하고 있나요?
사랑이 식어가고 있나요?
사랑을 너무 자주 표현하는 것은 좋지 않아요. 그렇다고 표현하지 않으면 점점 멀어질 수 있어요.
사랑의 유효기간이 끝나지 않게 애틋한 마음을 전해 주세요.

하루가 빛나는 햇살처럼 아름다워
심장이 터질 것 같아 너를 보면 설렌다.

하루가 빛나는 햇살처럼 아름다워
심장이 터질 것 같아 너를 보면 설렌다.

사랑의 언어로 표현

말로만 사랑한다고 하는 것보다
사랑의 언어로 표현하면 좋겠어요.
손을 따듯하게 살며시 잡고
산책도 기분 좋게 하고
힘들 때 업어주고
포근하게 안아주고
맛있게 식사를 하며
아름다운 시간을 함께 보내세요.

게리 채프먼 박사가 말하는 사랑의 언어 5가지는

1. 긍정의 말: '고마워.', '멋있어.' 등과 같은 칭찬, 감사
2. 함께하는 시간: 영화, 외식을 하며 관심을 나누고 경청
3. 선물: 의미 있는 선물을 주고 사랑의 느낌을 전함
4. 봉사: 도움을 주면 감동을 받고 고맙다는 감정 생김
5. 스킨십: 포옹이나 손잡기 등 신체적인 애정 표현

적절한 상황을 잘 이용하거나 타이밍을 맞추면 유대감도 좋아지고 더 친밀한 관계를 만들 수 있어요.

말로만 사랑한다고 하는 것보다
사랑의 언어로 표현하면 좋겠어요.
말로만 사랑한다고 하는 것보다
사랑의 언어로 표현하면 좋겠어요.

참고 힘내면 고통도 지나간다

네가 힘들 때
한순간도 응원하지 않은 적이 없었어.
잘하고 있지? 잘하고 있는 것 맞아.
잘 버티고 있지?
버티는 것이 아니라 기회를 기다리는 거야.
잘되지 않아서 후회한다고?
마음 아파하지 마라.
괜찮아!
흔들리지 말고 네가 생각하는 길로 가.
자책하지 마. 아주 잘하고 있어.
잘 될 거야.
조금 더 참고 힘내면
고통도 잘 지나갈 거야.

힘들면 내려놓고 잠시 쉬어도 괜찮아요.
쉬는 것은 뒤처지는 시간이 아니라 새로운 기회를 만드는 충전의
시간입니다.

힘들면 내려놓고 잠시 쉬어도 괜찮아요.
새로운 기회를 만드는 충전의 시간입니다.
힘들면 내려놓고 잠시 쉬어도 괜찮아요.
새로운 기회를 만드는 충전의 시간입니다.

자주 쓰면 좋은 말들

토닥토닥, 쓰담쓰담, 까꿍
배려, 성실, 이해, 희망, 진심, 도전
미소, 기쁨, 웃음, 기다림, 긍정
행복, 우정, 사랑, 자유, 감사, 존중
엄마 품, 정, 추억, 그리움
믿음, 소망, 열정, 꿈, 신뢰, 소통, 화합
보고 싶다, 너무 좋아, 예뻐
사랑해, 좋아해, 멋져

상처받는 말에 기분이 상했나요?
욕이나 마음 상하는 말을 자주 쓰지는 않았나요?
만사가 귀찮고 짜증이 나면 기분 상하는 말을 자주 사용하게 됩니다.
서로 배려하고 이해하는 마음으로 상대방을 생각하고 말하면 모두 행복할 수 있어요.

미소, 기쁨, 웃음, 기다림, 긍정
행복, 우정, 사랑, 자유, 감사, 존중
미소, 기쁨, 웃음, 기다림, 긍정
행복, 우정, 사랑, 자유, 감사, 존중

왜? 나한테 잘해 줬니?

너와 내가
같은 마음인 것 같은데
왜 자꾸 엇갈리는 거야?

너와 내가
같은 마음인 줄 알았는데
혼자만 좋아해서 마음이 아파.
왜 나한테 잘해 줬니?

정말 좋아해서 진심으로 '사귀자.'라고 했는데, 상대방이 친구 하자고 한다면 어떻게 할까요?
이별할까요? 아니면 이해하면서 계속 만날까요?
나를 좋아해서 특별히 잘해주는 줄 알았는데, 상대방이 정말 나를 좋아한다고 느꼈는데, 자신의 환경 때문에 사랑 고백을 못 한다면, 망설이지 말고 먼저 용기를 내서 고백하세요.
사랑이 이루어집니다.

망설이지 말고 먼저 용기를 내서 고백하세요.
사랑이 이루어집니다.

망설이지 말고 먼저 용기를 내서 고백하세요.
사랑이 이루어집니다.

사랑하는 마음

'사랑하는 마음'을
진심으로 사랑합니다.
힘들 때나 우울할 때, 괴로울 때,
사랑이 없어서
너무 아프기도 했어요.
늘 사랑을 간직하며
더 아름답고 더 행복하게
사랑하고
또 사랑하며 살 거예요.

이별은 많이 아픕니다.
이별을 반복하면서 상처를 심하게 받으면 사랑하기 싫어집니다.
누군가를 사귀고 싶은 마음도 사라집니다.
이별의 아픔이 두려워서 사랑하지 않으면 더 큰 상처가 됩니다.
사랑의 상처는 새로운 사랑으로 치유하는 것이 가장 빨라요.

더 아름답고 더 행복하게 사랑하고
또 사랑하며 살 거예요.
더 아름답고 더 행복하게 사랑하고
또 사랑하며 살 거예요.

'좋아하는 척'하는 사람은 조심

앞에서는
좋아하는 척하거나
잘하는 척하고
뒤에서 험담하는 사람을 경계하세요.
당신의 삶을 힘들게 하고
상처를 받게 합니다.

자신의 이익을 위해서 아부를 하거나 칭찬을 하는 사람이 있어요.
그 말만 믿고 상대방에게 선물을 사주거나 돈을 쉽게 빌려주는 경우가 있습니다.
나중에 그 사람의 진실을 알게 되면 후회를 하게 되거나 사람을 믿지 못하게 될 수 있습니다.
아부하는 사람을 조심하세요.

뒤에서 험담하는 사람을 경계하세요.
당신의 삶을 힘들게 하고 상처를 받게 합니다.
뒤에서 험담하는 사람을 경계하세요.
당신의 삶을 힘들게 하고 상처를 받게 합니다.

기분 좋은 마음 만들기

자책하는 마음과
부정적인 생각으로 가득 차 있으면
삶에 의욕이 없고
점점 무기력해져서 우울증이 생깁니다.

좋아하는 것을 챙겨요.
하고 싶은 것을 말해요.
좋은 사람을 생각해요.
꽃도 보고 바람도 쐬고
기분 좋은 마음을 만들어 보세요.
희망도 꿈도 사랑도 생겨요.

좋지 않은 일이 연속으로 생기면 누구나 부정적으로 살 수 있고 우울증에 빠질 수 있어요.
잘 이겨내기 위해서는 평소에 잘 웃고, 긍정적인 마음을 키워야 합니다.

꽃도 보고 바람도 쐬고
기분 좋은 마음을 만들어 보세요.

꽃도 보고 바람도 쐬고
기분 좋은 마음을 만들어 보세요.

너무 슬퍼서 울고 싶을 때

1. 친한 친구와 멀어질 때
2. 사랑했던 사람에게 손절 당했을 때
3. 나를 오해하며 매도할 때
4. 절친이 내 마음을 몰라 줄 때
5. 사랑하는 사람과 헤어질 때
6. 정말 보고 싶지만, 볼 수 없을 때
7. 가족과 영영 이별할 때
8. 회사를 그만두었을 때
9. 사업을 실패 했을 때
10. 어쩔 수 없이 꿈을 포기 했을 때

가족, 친구의 이별, 뜻하지 않은 사업 실패, 어쩔 수 없이 꿈을 포기 했을 때 등은 예정되지 않은 문제라서 더 큰 아픔을 줍니다.
죄책감에 집착하면 많은 시간을 잃고 눈물로 삶을 살아갈 수 있어요.
마음을 단단히 먹고 이겨내야 합니다.

눈물로 삶을 살아갈 수 있어요.
마음을 단단히 먹고 이겨내야 합니다.
눈물로 삶을 살아갈 수 있어요.
마음을 단단히 먹고 이겨내야 합니다.

널 보러 갈게

식사는 거르지 않았니?
아프지는 않니?
잠은 잘 잤어?
잘 지내고 있니?
궁금하고 보고 싶다.
생각나서 미치겠어.
지금 널 보러 갈게.
어디 가지 말고 기다리고 있어.

가족, 애인, 좋아하는 인연 등 사랑하는 사람이 있으면 일을 하다가도 생각이 납니다.
누군가를 좋아하고 생각한다는 것은 삶을 즐겁게 하는 일 중 하나입니다.
그런 감정을 잃어버렸을 때 소중한 친구와 전화해서 약속을 잡고 이야기를 나누면 소소한 행복이 생겨서 삶이 더 즐거워질 거예요.

지금 널 보러 갈게.
어디 가지 말고 기다리고 있어.

후회할 때

후회는
좌절할 때나
힘들어할 때보다
아무것도 하지 않을 때 하게 돼요.

어느 누구도 후회하는 일이 전혀 없이 살 수 없어요.
일을 하다가 잘못해서 후회하기도 하고 말을 실수해서 후회하기도 합니다.
이런 것은 신경 쓰고 노력하면 줄일 수 있습니다.
후회하며 아무것도 하지 못해 방황하고 집 밖을 나가지 않고 술을 먹으며 방탕한 생활을 한다면 많은 것을 잃을 수 있어요.
시간은 되돌아오지 않아요.

후회는 힘들어할 때보다
아무것도 하지 않을 때 하게 돼요.
후회는 힘들어할 때보다
아무것도 하지 않을 때 하게 돼요.

나를 먼저 사랑하세요

자신을 싫어하는 사람은
남에게 사랑을 받지 못해요.
나를 먼저 사랑하세요.
나를 사랑하는 마음이 생기면
그때 남도 사랑해 보세요.
사랑을 하게 되면
매일 똑같은 하루도 더 즐겁고
행복하게 만들 수 있어요.

자신의 단점 때문에 스스로를 싫어하나요?
자신이 처한 상황 때문에 짜증이 나나요?
지금 너무 힘든가요?
남과 엮이는 것이 싫어서 혼자 있나요?
이런 마음이 있으면 사랑할 여유가 없게 됩니다.
가장 먼저 자신을 지켜주고 마음을 추슬러야 합니다.
자신도 못 챙기면서까지 남에게 해줘야 할 것은 없어요.
먼저 자신을 챙긴 후, 마음의 여유가 생기면
남도 챙기고 사랑도 나눠 주세요.

사랑을 하게 되면 매일 똑같은 하루도 더 즐겁고 행복하게 만들 수 있어요.

사랑을 하게 되면 매일 똑같은 하루도 더 즐겁고 행복하게 만들 수 있어요.

사랑이 녹아난다

정말 좋아하는 사람을 알게 되었다.
점잖은 목소리보다
장난기 있는 말을 주고받으며
자주 웃게 된다.
네가 바보인 줄 알았는데
나도 바보가 됐다.
끼리끼리 노는 건 참 좋다.
그 속에 사랑이 녹아난다.

사랑을 하게 되면 유치해집니다.
남의 시선에 아랑곳하지 않고 서로에게 관심과 보살핌을 받고 싶어서 애교 섞인 장난스러운 말을 자주 하게 됩니다.
사랑하는 사람에게 '사랑해.' 하며 마음을 전해 주세요.

끼리끼리 노는 건 참 좋다.
그 속에 사랑이 녹아난다.
끼리끼리 노는 건 참 좋다.
그 속에 사랑이 녹아난다.

나 자신에게 미안해

나를 싫어하는 사람에게
온갖 에너지를 쏟으며 힘들어했다면
그동안 많이 힘들었을
나 자신에게 미안해하고
스스로 토닥토닥하며
보듬어 주세요.

자신에 대해서 얼마나 안다고 생각하나요?
힘들 때 자신을 지켜줬나요?
고통스럽다고 울며불며 자신을 때리고 학대하지 않았나요?
삶은 그렇게 평탄하지 않아요.
가장 힘든 순간에도 끝까지 함께한 자신에게 고맙다고 응원하며
칭찬해 주세요.
'나는 잘 참고 잘해냈다. 고마워!'
'힘든 순간에 잘 이겨낸 나 자신이 자랑스러워.'

그동안 많이 힘들었을 나 자신에게 미안해하고
스스로 토닥토닥하며 보듬어 주세요.
그동안 많이 힘들었을 나 자신에게 미안해하고
스스로 토닥토닥하며 보듬어 주세요.

마음이 춥지 않게 꿈을 찾는 겨울

잘하고 싶은 마음은 나도 알아.
그래서 더 힘들었을 거야.
넌 정말 누구보다 열심히 했잖아.
수고했어. 정말 많이 애썼다.

무언가를 한다는 건
언제나 쉽지 않은 일이예요.
이 글을 읽고 있는
그대는 지금도 잘 해내고 있고,
잘 이겨내고 있으며,
참 멋지게 살아가고 있는 사람입니다.
이런 그대가 정말 좋아요.
언제 어디서나 그대를 응원합니다.

좋아하는 사람

내가 좋아하는 사람과
인연이 되어
계속 좋은 관계가 유지되면 좋겠습니다.

나를 좋아하는 사람이
있는 그대로의 모습을 좋아하고
이해해 주면 좋겠습니다.

삶을 바쁘게 살면 인연을 소홀히 할 수 있어요.
시간을 내서 좋은 인연을 만나면 기분이 풀리고 더 좋은 관계가 유지됩니다.
사람을 사귈 때 있는 그대로 봐주는 것이 정말 중요합니다.
자신에게 맞춰 상대방을 고치려고 하면 상처를 받을 수 있습니다.
가까운 사이일수록 다름을 인정하고 있는 그대로 봐주면 상대방이 더 좋아하게 됩니다.

내가 좋아하는 사람과 인연이 되어
계속 좋은 관계가 유지되면 좋겠습니다.
내가 좋아하는 사람과 인연이 되어
계속 좋은 관계가 유지되면 좋겠습니다.

좋은 사람의 특징

1. 밝게 웃으며 긍정적으로 생각합니다.
2. 인사나 대답을 잘 합니다.
3. 부드럽게 말합니다.
4. 약속을 잘 지키고 신뢰감 있게 행동합니다.
5. 남의 말을 귀담아듣고 조리 있게 말합니다.
6. 센스 있게 배려를 잘 합니다.
7. 불만 없이 성실하게 일을 잘 합니다.
8. 남을 적극적으로 돕습니다.
9. 깨끗하게 인정하고 결과에 승복합니다.
10. 남을 칭찬하고 장점을 말합니다.

좋은 사람보다 나쁜 사람이 되기가 더 쉽습니다.
왜냐하면, 삶을 살아가다 보면 즐거운 일보다 짜증 나는 일이 더 많기 때문입니다.
그러나 좋은 사람이 되어야 삶이 행복하고 자신을 좋아하는 사람이 많아집니다.
주변이나 상황이 자신을 나쁘게 만들어도 좋은 마음으로 살아가면 우리 모두가 행복하게 됩니다.

밝게 웃으며 긍정적으로 생각합니다.
센스 있게 배려를 잘합니다.
밝게 웃으며 긍정적으로 생각합니다.
센스 있게 배려를 잘합니다.

좋은 일을 함께 기뻐하는 친구

대부분 슬픈 일을 위로해 줄
사람은 있습니다.
하지만, 좋은 일을 진심으로
기뻐하는 사람은 적어요.
만약에 좋은 일에
진심으로 함께 기뻐하는 사람이 있다면
진정으로 소중한 인연을
가지고 있는 것입니다.

나보다 안 좋은 상황에 있는 사람을 위로하는 것은 어렵지 않게
할 수 있습니다.
하지만, 다른 사람의 성공이나 기쁜 일은 때에 따라 시기나 질투가
생기기도 합니다.
초라한 나를 생각하면 기뻐하기가 어려울 때가 있어요.
'잘난 척'한다고 생각하면 기분이 상할 수도 있어요.
진정한 친구라면 좋은 일도 칭찬하며 축하해 주는 것이 좋습니다.

진심으로 함께 기뻐하는 사람이 있다면
진정으로 소중한 인연을 가지고 있는 것입니다.
진심으로 함께 기뻐하는 사람이 있다면
진정으로 소중한 인연을 가지고 있는 것입니다.

좋은 사람 생각하기

사람을 미워할수록
몸과 마음이 힘들어져요.
그럴 바에는
싫은 사람이 생각나지 않게
좋아하는 사람에게 더 신경 쓰고
좋은 생각을 하며 살아요.

미워하는 사람에게 생각이 집중될 때 좋아하는 사람을 생각하기는 어렵습니다.
좋아하는 사람에게 연락하거나 추억이 담긴 사진이나 동영상을 보는 것도 좋습니다.
삶에 도움이 되는 긍정 글이나 사랑 글을 보며 기분 전환을 하는 것도 방법입니다.

좋아하는 사람에 더 신경 쓰고
좋은 생각을 하며 살아요.
좋아하는 사람에 더 신경 쓰고
좋은 생각을 하며 살아요.

일방적인 마음

양보나 배려를 했는데도
당연하게 생각하고
마음 상하게 했다면
거리를 두는 것이 좋아요.
일방적인 마음은
자신을 힘들게 합니다.

지위가 높다고, 손님이라고, 우월하다고 생각하며 남을 하찮게 대하면 안 됩니다.
누구나 소중한 존재입니다.
양보와 배려는 그 사람의 인품입니다.
그리고 그것이 몸에 배어 있는 사람을 누구나 좋아합니다.

나를 마음 상하게 했다면 거리를 두는 것이 좋아요.
일방적인 마음은 자신을 힘들게 합니다.

혼자 있고 싶어진 이유

1. 마음에 상처를 받아서
2. 하는 일이 잘 안 돼서
3. 자신이 초라해 보여서
4. 일이 너무 힘들어서
5. 마음을 열 사람이 없어서
6. 혼자만의 시간을 즐기고 싶어서
7. 삶에 의욕이 없어서
8. 인간관계에 지쳐서
9. 모든 사람이 미워서
10. 화가 안 풀려서

육아나 인간관계 등에서 치이는 경우에 혼자 있고 싶을 때도 있고, 하는 일이 잘 풀리지 않아서, 자신의 초라한 모습 등을 남에게 보여주기 싫어서 그런 경우도 있어요.
혼자 있는 시간이 나쁜 것만은 아닙니다.
자신을 돌아보는 좋은 기회를 만들어 주기도 합니다.

혼자 있는 시간이 나쁜 것만은 아닙니다.
자신을 돌아보는 좋은 기회를 만들어 주기도 합니다.
혼자 있는 시간이 나쁜 것만은 아닙니다.
자신을 돌아보는 좋은 기회를 만들어 주기도 합니다.

목소리 큰 사람과 화를 잘 내는 사람

목소리가 큰 사람이
이기는 것이 아니라
그냥 무식한 티를 내는 것입니다.

화를 잘 내는 사람이
맞는 말을 하는 것이 아니라
그냥 나쁜 성격을 티내는 것입니다.

똑똑한 사람은 자신의 생각을 조목조목 천천히 말하며 설득력 있게 행동하고, 무식한 사람은 흥분을 못 이겨서 고래고래 소리만 지르고 자신을 깎아내립니다.
무식한 사람을 좋아하는 사람은 없어요.
같이 다니기에도 창피합니다.
화를 잘 내는 사람은 자신의 생각을 강요하는 사람 중에 한 명입니다.
성격이 나쁜 것은 창피한 일입니다.

목소리가 큰 사람이 이기는 것이 아니라
그냥 무식한 티를 내는 것입니다.
목소리가 큰 사람이 이기는 것이 아니라
그냥 무식한 티를 내는 것입니다.

세심한 배려이고 사랑이다

만날 땐 웃으며 인사하고
헤어질 땐 가는 뒷모습을 바라보고
식사할 땐 수저 챙겨주고
어디 아프진 않은지,
식사는 잘 챙겨 먹는지,
집에 잘 들어갔는지
매 순간 메시지 보내주는 것은
세심한 배려이고 사랑입니다.

사랑하는 사람은 존재 자체로 빛나는 사람이고 선물입니다.
아름다운 사랑을 하기 위해서는 세심한 배려로 감동을 주어야 합니다.
의식하지 못해 챙겨주지 못했다면 사랑하는 사람을 위해서 마음을 전하세요.
예쁜 사랑이 자신에게 돌아올 것입니다.
사랑을 주면 사랑이 옵니다.

매 순간 메시지 보내주는 것은
세심한 배려이고 사랑입니다.
매 순간 메시지 보내주는 것은
세심한 배려이고 사랑입니다.

과거에 얽매여 있는 사람

과거에 얽매여 있는 사람은
뒤를 보고 걷는 것과 같아요.
엎어지고 다치고 느려져서
자신을 더 아프게 하고 힘들게 합니다.
앞도 보고 주변도 살피며
우리 기분 좋은 마음으로 즐겁게 살아요.

사고로 인연이 세상을 떠났나요?
상처로 아파하고 있나요?
과거의 아픔에 집착하는 사람은 매사에 의욕도 없고 방탕한 생활을 하게 될 수 있어요.
그것이 나를 큰 위험에 빠뜨리는 일인지 모르고 살 때가 있어요.
나를 위해서는 무조건 이겨내야 합니다.
잃어버린 시간은 돌아오지 않아요.
힘내서 꼭 제자리에 돌아오세요.

앞도 보고 주변도 살피며
우리 기분 좋은 마음으로 즐겁게 살아요.

앞도 보고 주변도 살피며
우리 기분 좋은 마음으로 즐겁게 살아요.

사랑하면 해줘야 할 것들

1. 거짓말하지 않고 끝까지 믿어주기
2. 무조건 편들어 주기
3. 잘못했을 때 진심으로 사과하기
4. 오해하지 말고 서로의 입장을 이해하고 배려하기
5. 소중하게 생각하는 마음 전하기
6. 과거의 잘못 따지지 않기
7. 서로의 다름을 인정하기

사랑하는 사람에게는 진심으로 대하고 서로의 생각을 존중해야 합니다.
무리하게 자신의 요구를 일방적으로 들어 달라고 하는 것은 좋지 않아요.
사랑한다는 이유로 사람을 이용하는 것과 다름이 없어요.
사랑하는 사람과의 대화에서는 누구 말이 맞는지 중요하지 않고 상처받지 않게 서로의 생각을 존중하고 다름을 인정하는 것이 더 중요합니다.
사소한 다툼으로 헤어지면 더 큰 상처를 받을 수 있어요.

오해하지 말고 서로의 입장을 이해하고 배려하기
서로의 다름을 인정하기
오해하지 말고 서로의 입장을 이해하고 배려하기
서로의 다름을 인정하기

가슴이 무너질 때

삶을 살면서 뜻하지 않게
감당하기 어려운 일에 무너지면
멍을 가슴에 안고 살아갑니다.
그래서 울고 또 울어요.
무너지는 일이 반복되면
회복하지 못해 더 무너집니다.

무너짐에 집착하지 말고
이겨낼 방법을 생각하며 집중해야 합니다.

항상 좋은 일만 생기면 얼마나 좋을까요?
인생은 마음만 먹으면 괜찮아질 수 있어요.
너무 힘들 땐 펑펑 울고 나면 풀리기도 합니다.
그렇지만 매일 울며 지내는 것은 좋지 않아요.
식사도 잘 챙겨 먹고, 기분 전환하면서 기운을 차리면 무너지는 순간을 이겨낼 수 있어요.
무너짐에 절대로 익숙해지면 안 돼요.

무너짐에 집착하지 말고
이겨낼 방법을 생각하며 집중해야 합니다.

이별의 상처

이별의 상처 때문에
연애도 못하고 거리를 두면
또, 다른 아픔을 만들게 돼요.
이별을 두려워하지 마세요.
마음 다치지 않으려고
사랑하는 마음도 표현하지 못하면
좋은 사람을 놓쳐서 후회하게 됩니다.
사랑하는 동안
애틋한 마음과 애정을 퍼주어야
나중에 후회하지 않아요.

사람을 만나고 이별하는 것은 삶의 일부입니다.
사랑하는 사람과 이별하는 것은 마음 아픈 일입니다.
그리고 일방적인 이별 통보는 감당하기 어려운 슬픔을 안겨줍니다.
이별의 상처 때문에 사랑하지 않는다면 아픔을 품고 살아가게 됩니다.
가장 빠른 치료는 사랑을 하는 것입니다.

사랑하는 동안 애틋한 마음과 애정을 퍼주어야 나중에 후회하지 않아요.

사랑하는 동안 애틋한 마음과 애정을 퍼주어야 나중에 후회하지 않아요.

언제나 넌 내 사랑

네가 너무 예뻐서
네가 너무 아름다워서
내 세상이 빛나

네가 너무 사랑스러워서
네가 너무 좋아서
내 세상이 예뻐

언제나 넌 내 사랑

세상에 많은 사람이 있지만 그대만 보여요.
사랑하게 되면 웃음이 떠나지 않고 세상의 모든 것이 아름다워 보입니다.
사랑하는 감성은 심장을 튼튼하게 해주고 건강한 삶을 만들어 줍니다.
사랑하는 사람에게 예쁜 말을 해주고 예쁜 사랑을 나누며 행복하세요.

네가 너무 사랑스러워서
네가 너무 좋아서 내 세상이 예뻐
네가 너무 사랑스러워서
네가 너무 좋아서 내 세상이 예뻐

행운을 부르는 자세

1. 인사 잘하기
2. 잘 웃고 친절하게 대하기
3. 긍정적으로 생각하기
4. 독서하며 사색하기
5. 잘할 수 있다고 믿기
6. 긍정적인 생각하며 극복하기
7. 꿈을 꾸며 살기

남을 의식하지 않고 자기중심적으로 살며, 하고 싶은 대로 하고 살면 편할지 모르지만 다른 사람에게 피해를 주게 되어 사람들이 싫어할 수 있어요.
하지만 남을 너무 의식하면 눈치를 보게 돼서 스트레스를 받을 수 있어요.
적당하게 남을 의식하며 기분 좋게 지내면 좋은 일이 많이 생깁니다.
인사를 잘하고, 잘 웃고, 꿈을 꾸며 긍정적으로 살면서, 독서 등 자기계발을 하면 행운은 저절로 옵니다.

긍정적으로 살면서 독서 등 자기계발을 하면 행운은 저절로 옵니다.
긍정적으로 살면서 독서 등 자기계발을 하면 행운은 저절로 옵니다.

정 때문에 유지하지 말자

나를 힘들게 하고
괴롭히는 사람은 멀리해야 합니다.
정 때문에 유지할 필요는 없어요.
나에게 잘해주고
이해해 주는 사람을 만나야 합니다.
그래야 행복해집니다.

처음에는 호감이 느껴지고 괜찮은 사람이라고 생각돼서 만났는데,
계속 만나면서 나하고 맞지 않는다고 생각될 때가 있어요.
내성적인 사람은 자신의 생각을 표현하지 못해서 고민하게 됩니다.
하지만, 사람은 쉽게 변하지 않아요.
유지하는 것이 힘들다면, 자신의 생각을 말하고 정리할 필요가 있어요.

나에게 잘해주고 이해해 주는 사람을 만나야 합니다.
그래야 행복해집니다.

나에게 잘해주고 이해해 주는 사람을 만나야 합니다.
그래야 행복해집니다.

사랑을 했습니다

사랑을 했습니다.
그대를 정말 사랑했습니다.
수많은 순간을
함께 나누며 행복했습니다.
사소한 것에 욕심을 부렸고
때론, 아무것도 아닌 일에
자존심을 내세웠습니다.
점점 거리감이 생겼습니다.
그래서 많이 울었습니다.
헤어지고 나니, 그대는 내 모든 것이었습니다.
지금 그대에게 난 아무것도 아닌
타인이 되었습니다.

사람과 사람이 사랑을 하게 되면 자신의 반쪽이 채워져서 외롭지 않고 행복해지게 됩니다.
사랑하는 순간이 영원하면 좋겠지만 서로 마음이 맞지 않거나 한 사람이 싫어지면 남보다 못한 사이가 될 때가 있습니다.

그대를 정말 사랑했습니다.
수많은 순간을 함께 나누며 행복했습니다.

누구나 실수할 수 있어요

괜찮아요.
누구나 실수할 수 있어요.
아닌 건 아닌 거고
잘못된 건 잘못된 것입니다.
아무리 아니라고 생각해도
사실은 바뀌지 않아요.
집착할수록
마음이 더 힘들어집니다.
인정할 건 인정하고
이제는 자신을 위해
더 나은 길을 찾아보세요.

실수를 빨리 인정하고 다음번에는 반복적인 실수를 하지 않게 잘못된 부분을 찾아내야 합니다.
하기 전에 계획이나 발생할 일을 예측하여 준비하면 실수를 줄일 수 있습니다.
실수를 하지 않는 사람은 없다는 것을 기억하세요.

인정할 건 인정하고
이제는 자신을 위해 더 나은 길을 찾아보세요.

인정할 건 인정하고
이제는 자신을 위해 더 나은 길을 찾아보세요.

힘들 때 이겨내는 힘

1. 사랑하는 가족
2. 공감해 주는 좋은 인연
3. 해낼 수 있다는 긍정적인 생각
4. 작은 성취의 기쁨
5. 나를 사랑하는 마음
6. 혼자만의 자유로운 시간
7. 커피 한 잔의 소소한 여유

누구나 한 번은 죽고 싶을 때가 있어요.
고통 앞에는 장사가 없습니다.
사람은 나약한 존재이지만 강인하게 참고 살아가고 있습니다.
작은 것에서 기쁨을 찾고 응원해 주는 사람을 위해 용기 내어 이겨
내면 언젠가는 '잘살아냈다'는 생각이 들 거예요.
지나고 나면 아픈 일도 추억이 됩니다.

사람은 나약한 존재이지만
강인하게 참고 잘살아가고 있습니다.
사람은 나약한 존재이지만
강인하게 참고 잘살아가고 있습니다.

서로 상처주지 말자

우리는 어떤 일이 있어도
서로에게 상처 주지 말고
상처받지 않기로 해요.
가끔은 많이 힘들고 지쳐서
눈물이 날 때도 있지만
그럴 때는 말없이 안아주고
토닥토닥 위로해 주세요.
서로 격려하며
아름다운 빛이 되어 행복하게 살아요.

형제, 부부 등 가까운 사이일수록 서로에게 상처를 주는 일이 많습니다.
3자의 입장에서 보거나 객관적으로 보면 싸울 일이 아닌 경우가 많아요.
말보다 말투에 기분 나쁜 경우가 많으므로 같은 말이라도 부드럽게 말하는 것이 좋아요.
상대방이 상처를 받으면 자신에게 돌아온다는 것을 기억하며 배려하고 이해하도록 노력해야 합니다.

서로 격려하며
아름다운 빛이 되어 행복하게 살아요.

서로 격려하며
아름다운 빛이 되어 행복하게 살아요.

남의 말에 흔들리지 말아요

나를 잘 모르는 사람의 말에
마음 흔들리지 말아요.
그대가 따뜻한 사람이라는 걸
알지 못해서 그런 거예요.
서운해서 마음이 아프면 잠시 쉬어가세요.
짜증이 나서 힘들면 울어도 괜찮아요.
자신이 걸어온 길을 믿고
하던 일에 집중하며
작은 기쁨을 놓치지 말아요.
그대는 충분히 괜찮은 사람입니다.

남의 말에 흔들리지 않으려면 자신을 믿어야 합니다.
자신을 믿지 못하면 아무것도 해낼 수 없어요.
그리고 목표가 확실하다면 남의 말에 흔들리지 않습니다.
비판이나 지적은 받아들일 것은 받아들이고, 버릴 건 버리는 필터링이 있어야 합니다.
자신에게 득이 된다면 수용하고, 해가 된다면 버리는 것이 바람직합니다.

하던 일에 집중하며 작은 기쁨을 놓치지 말아요.
그대는 충분히 괜찮은 사람입니다.

마음을 주는 일

사람을 좋아하게 되면
주는 만큼 받고 싶어져서 기대도 커지고
욕심도 조금씩 생깁니다.
아주 정상적인 마음입니다.
그 마음 때문에
기분이 가라앉을 수도 있어요.

사람을 좋아하는 것 자체만으로도 행복한 일입니다.
꽃을 좋아하는 데, 꽃이 나를 좋아하지 않는다고 해서 기분이 다운되지 않아요.
내가 사랑하는 사람이 나를 사랑하길 바라는 마음은 간절한 마음이기 때문에 더 힘들 수 있어요.
단순히 좋아하는 감정 때문이 아니라 사랑하는 감정 때문에 그럴 수도 있어요.

사람을 좋아하게 되면 주는 만큼 받고 싶어져서
기대도 커지고 욕심도 조금씩 생깁니다.

사람을 좋아하게 되면 주는 만큼 받고 싶어져서
기대도 커지고 욕심도 조금씩 생깁니다.

사랑하는 사람이 있다는 건

1. 항상 내 편이 있어요.
2. 내가 아프면 걱정해 줘요.
3. 인생을 살아가는 이유가 돼요.
4. 나에게 큰 힘이 돼요.
5. 따뜻하게 안고 싶어요.
6. 같이 있고 싶어져요.
7. 매일 보고 싶어요.
8. 꽃길을 함께 걷고 싶어요.
9. 함께 꿈을 나누고 싶어요.
10. 둘이 여행 가고 싶어요.

마음에 따뜻한 불빛이 있는 것 같아서 세상에 혼자 남겨져 있어도 춥고 외롭게 느껴지지 않아요.
사랑하는 사람이 없나요?
마음이 메마를수록 감성이 없어져서 사랑이 오지 않을 수 있어요.
꽃을 사랑하는 마음으로 세상을 바라보면 예쁜 사랑이 올 거예요.

꽃을 사랑하는 마음으로 세상을 바라보면
예쁜 사랑이 올 거예요.

이별을 하지 못한다

네가 없는 하루를 생각해 본 적이 없다.
네가 떠난 빈자리를 감당하기 어렵다.
내가 무너질까봐 너무 두렵다.
그래서 이별을 하지 못한다.
아직도 너를 사랑해.
마음속에 너를 그린다.

인생은 영원하지 않아요.
누구나 시한부 인생을 살아가고 있어요.
사랑하는 사람을 잃거나 헤어지는 것은 마음에 큰 상처를 줍니다.
사랑이 깊을수록 아픔도 깊습니다.
진정으로 사랑하는 사람이 있다면 손해 본다고 생각하지 말고 함께하는 동안 아프지 않게 예쁜 사랑하세요.

손해 본다고 생각하지 말고
함께하는 동안 아프지 않게 예쁜 사랑하세요.
손해 본다고 생각하지 말고
함께하는 동안 아프지 않게 예쁜 사랑하세요.

참 좋은 사람

1. 나를 진심으로 아껴주는 사람
2. 제일 먼저 생각나는 사람
3. 나에게 한결 같은 사람
4. 따뜻한 마음이 전해지는 사람
5. 웃을 때 제일 예뻐 보이는 사람
6. 행복한 모습이 어울리는 사람
7. 말 속에 향기가 전해지는 사람
8. 좋은 생각을 하는 사람
9. 소소한 것에서도 배려하는 사람
10. 위로와 칭찬을 해주는 사람

좋은 사람이 함께 한다면 항상 즐겁게 살 수 있지만 싫은 사람도 있어서 마음 아플 때도 있어요.
기억나는 좋은 사람이 있나요?
그 사람을 생각하며 즐겁게 산다면 그대도 참 좋은 사람입니다.

그 사람을 생각하며 즐겁게 산다면
그대도 참 좋은 사람입니다.
그 사람을 생각하며 즐겁게 산다면
그대도 참 좋은 사람입니다.

결이 맞는 사람

비슷한 생각,
사람을 대하는 따뜻한 태도,
서로를 생각하는 마음,
닮은 삶의 방향 등
모든 것이 맞아떨어지는 사람은 많지 않아요.
대화가 편하고
서로 어색하지 않고
나를 더 나은 사람이 되게 하는
사람을 만났다면
그냥 스쳐 지나가는 인연이 아니라
소중히 간직해야 할 좋은 인연입니다.

결이 맞는 사람은 말보다 마음이 먼저 전해지는 사람입니다.
소중히 생각하는 인연에게 말 한마디, 행동 하나에 정성을 담아 좋은 사람으로 남아주세요.
인생의 끝을 함께 해도 되는 좋은 인연입니다.

그냥 스쳐 지나가는 인연이 아니라
소중히 간직해야 할 좋은 인연입니다.
그냥 스쳐 지나가는 인연이 아니라
소중히 간직해야 할 좋은 인연입니다.

:: 에필로그

중학교 때 기술 선생님께서 "이루고 싶은 꿈이나 갖고 싶은 것을 노트에 반복해서 쓰면, 그 소원이 이루어진다."라고 말씀하신 적이 있습니다. 그땐 순수했습니다. 컴퓨터를 너무 사고 싶어서 몇 권의 노트에 매일 컴퓨터(Computer)라는 단어를 썼습니다. 그렇게 1년쯤 지나서 처음으로 산 컴퓨터가 SPC-1500, 8비트 삼성 컴퓨터였습니다. 쉽게 얻을수록 쉽게 싫증이 난다고 하지만, 어렵게 생긴 컴퓨터라서 열심히 프로그래밍 공부를 했습니다.

대학에 진학하지 못했을 때, 아버지는 등록금으로 200만 원짜리 286 IBM 컴퓨터를 사주셨습니다.
그리고 이렇게 말씀하셨습니다.
"하고 싶은 걸 해봐라."
누군가가 나를 믿어준다는 것, 그것만으로도 큰 힘이 됩니다.
아버지가 저를 믿지 않으셨다면, 저는 그렇게 열심히 하지 않았을지도 모릅니다. 오랫동안 백수처럼 지내는 동안에도 아버지는 단

한 번도 잔소리를 하지 않으셨고, 묵묵히 저를 믿어 주셨습니다. 그 믿음 덕분에 저는 다시 일어설 수 있었습니다.

게임을 만들고 싶다는 꿈 하나로, 집에서 혼자 프로그래밍 공부를 시작했습니다. 하지만 프로그래밍을 해도 알아주는 사람도 없고, 경력도 없는 고졸이라서 취업도 어려웠습니다. 그래서 방 안에서 많이 울기도 하고, 좌절하며 지내는 날들이 많았습니다. 아무도 제 실력을 알아주지 않았기 때문입니다. 그렇게 바닥을 경험하면서도 '최악일수록 더 열심히 해야 한다.'는 마음으로 버텼습니다.

집 밖에도 거의 나가지 않고, 무려 3년 가까운 시간을 오로지 책과 씨름하며 프로그래밍 공부에 몰두했습니다.

하이텔과 천리안에 제가 만든 프로그램을 자료실에 올리고, 직접 작성한 프로그래밍 강좌도 함께 공유하면서 사람들에게 점차 실력을 인정받기 시작했습니다.

그러던 어느 날, 한 출판사에서 책을 써 달라는 제안을 받았습니다. 그렇게 제 첫 책 '터보 C 유틸리티 만들기' 집필을 시작하게 되었습니다. 하지만 책을 쓰는 도중에 군 복무를 하게 되면서 집필이 많이 지연되었습니다. 계약 기간을 훌쩍 넘겨 결국 책을 완성하는 데 1년이 넘게 걸렸습니다.

책 한 페이지를 쓰는 일이 그렇게 힘들 줄은 몰랐습니다.

그 과정을 통해, 내가 글쓰기에 재능이 없다는 사실도 절실히 깨닫게 되었습니다. 힘겹게 책을 완성했지만, 긴 집필 기간에 비해 판매는 기대에 못 미쳤습니다. 정성을 다해 썼던 만큼 실망도 컸습니다. 그때 저는 '다시는 책을 쓰지 않겠다.' 하고 마음속으로 다짐했습니다.

프로그램 개발 회사에 다니던 중 IMF 사태가 와서 회사를 그만두게 되었습니다.

그때 영진닷컴에서 'Delphi Programming Bible 3.x' 집필 요청이 들어왔습니다. 이 책은 공저였는데, 한 저자가 중도에 책 쓰기를 포기하면서 그 부분을 대신 써 달라는 부탁이었습니다. 누군가가 포기한 일이 저에게는 뜻밖의 기회가 된 셈이었습니다.

결국 저는 약 한 달 반 만에 책을 완성할 수 있었고, 이 책은 큰 인기를 끌며 베스트셀러가 되었습니다.

그 경험을 통해 '책을 쓰지 않겠다.'는 마음을 접게 되었고, 이후 3년 동안 컴퓨터 관련 책을 꾸준히 쓰게 되었습니다. 책을 쓰는 동안, 저는 매일 달력에 '10페이지'라고 표시해 두고 하루도 빠짐없이 그 목표를 지켰습니다.

매일 10페이지씩 성실하게 글을 써 내려갔습니다. 목표한 대로 책을 쓰는 과정을 통해 '삶은 노력한 만큼 반드시 이룰 수 있다'는 사실을 깨달았습니다. 제가 쓴 책들은 학원과 학교에서 교재로 채

택되었고, 그 덕분에 매년 억대의 인세를 받게 되었습니다.

그 모든 경험은 제게 삶의 희열과 보람을 안겨 주었고, 앞으로 나아갈 수 있는 큰 힘이 되었습니다.

20대에 저는 직접 소프트웨어 개발 회사인 KBTech를 창업하여 지금까지 20년이 넘는 시간 동안 남의 돈 한 푼 빌리지 않고 자립적으로 회사를 운영해 오고 있습니다. 현재 KBTech은 POS(판매 시점 관리) 시스템과 영수증 프린터를 전문적으로 판매하는 회사로 성장하였습니다.

이렇게 저는 20대에 컴퓨터 책을 10권이나 집필하고, KBTech이라는 회사를 설립했으며, 프로그래머로서의 꿈도 이뤘습니다. 돌이켜보면 단 한 번도 '안 될 거.'라는 생각을 해본 적이 없었습니다.

그저 절실한 마음으로, 최선을 다해 살아냈을 뿐이었습니다. 그리고 역사에 남는 사람이 되고 싶다는 마음 하나로, 수많은 힘든 순간들을 결코 포기하지 않았습니다.

성공만 경험한 사람은 작은 실패에도 쉽게 좌절하고 금세 포기할 수 있습니다. 하지만 큰 좌절을 겪어본 사람은, 그 아픔 속에서 단단해지고, 작은 시련쯤은 쉽게 이겨낼 수 있는 힘을 얻게 됩니다.

좌절은 분명 아프고 고통스럽지만, 그만큼 더 강하게 성장하도록 만들어줍니다.

지금 힘든 시간을 지나고 있다면, 포기하지 말고 강한 믿음으로 끝까지 이겨내시길 바랍니다. 저는 '실패'라는 단어를 사용하지 않습니다. 다시 도전한다면, 그것은 실패가 아니라 '경험'일 뿐입니다. 경험은 나를 성장시키는 가장 값진 자산입니다.

저자 신 문 섭

:: 저자 소개

신 문 섭(申文燮)

KBTech 대표. 저서로는 365일 매일 전하는 따뜻한 글, HTML+자바스크립트 30일 완성, 비주얼베이직6 30일 완성, 델파이5 30일 완성, 비주얼베이직6 시작, 그리고 완성, Delphi Programming Bible Ver3.x, Delphi Programming Bible Ver4.x, 실무 예제가 가득한 HTML+JavaScript+CSS, CONTACT ASP3, 터보C 유틸리티 만들기, Visual Basic.NET 30일 완성 등이 있습니다.

와일드북의 365일 매일 전하는 따뜻한 글은 많은 사람들에게 위로와 감동을 전했습니다. 이 책은 일반판, 필사판, 큰 글자판 총 3종류로 출판되었습니다. 그래서 다양한 연령층의 독자들이 편안하게 책을 수 읽을 수 있었으며, 현재도 많은 분들이 365일 필사를 하고 있습니다.

삶에 도움이 되고자 10년 이상을 SNS에서 매일 힐링 글을 썼습니다. 사람들과 소통하며 행복할 수 있는 방법을 찾아 주기 위해서 글을 쓰고 감사한 마음으로 살아갑니다.

인스타 @kbtechpos
트위터 @skyloveme1004